Ute Spiegel

Mit Rechtschreibstrategien richtig schreiben lernen

Grundlagen und Übungen für die Klassen 2 – 4

Klett | Kallmeyer

1 Grundlagen des Rechtschreibunterrichts

Rechtschreibung hat – wieder verstärkt! – hohes soziales Prestige. An rechtschriftlicher Kompetenz, vor allem am Fehlen derselben, werden viele Dinge abgelesen: Klugheit oder Begabung, Sorgfalt, Anstrengungsbereitschaft und Fleiß, die Höhe des Schulabschlusses, in letzter Zeit besonders die Qualität von Unterricht oder gleich ganz allgemein von „Schule". In den letzten Jahren geriet die Rechtschreibfähigkeit der Schüler[1] wieder verstärkt in den Fokus öffentlicher Aufmerksamkeit. Oft wurde in polemischer Weise ein allgemeines Lamento über die mangelnde Rechtschreibfähigkeit mit Kindertexten belegt, die zahlreiche Rechtschreibfehler aufwiesen.[2]

Die öffentliche Kritik entzündete sich besonders im Zusammenhang des Schriftspracherwerbs am „phonetischen Schreiben". Der Schriftspracherwerb erlaubt es den Kindern schon zu einem frühen Zeitpunkt im Lernprozess, das aufzuschreiben, was sie bewegt. Er überwindet damit eine Fokussierung auf das Abschreiben, das bis Ende des 20. Jahrhunderts die Hauptbeschäftigung in der 1. Klasse war. Damit ermöglicht es den Kindern von Anfang an, den Kern von Schriftlichkeit zu erfassen, auch wenn die Kinder in dieser Phase noch Laute in Buchstaben übersetzen. Dies ist eine Durchgangsphase im Lernprozess, kein Ziel. Originäre Aufgabe des Rechtschreibunterrichts ist es, den Kindern Gelegenheit zu geben, rechtschriftliche Sicherheit zu erwerben, ohne dabei die Lust am Schreiben zu verlieren.

Im Verhältnis zum Text ist Rechtschreibung zunächst untergeordnet. Wichtig ist beim Schreiben der Inhalt. Hierüber macht sich der Schreiber die meisten Gedanken: Stoffsammlung, Auswahl, Gliederung usw., anschließend oder begleitend denkt man nach über Formulierungen, Beispiele, Illustrationen. Auch beim Schreiben in der Schule sollte die Entwicklung und Mitteilung von Gedanken, Ideen, Erlebnissen u. Ä. im Zentrum stehen. Schreibfreude aufzubauen und zu erhalten ist oberstes Ziel, „Richtig schreiben" hat dienende Funktion.

Dennoch ist sie nicht unwichtig, denn sie erleichtert das Lesen, so wird das richtige Schreiben auch als ein Akt der Höflichkeit gegenüber dem Leser bezeichnet. Beim geübten wie lernenden Schreiber ist die Rechtschreibung einerseits von der Sorgfalt abhängig, die er einem Schreibprodukt angedeihen lässt. Andererseits ist das Vermögen von Bedeutung. Ich wage die These: Niemand schreibt immer sicher und richtig. Schreiber unterscheiden sich im Grad ihrer Sicherheit, gute und weniger gute Schreiber wohl vor allem in ihrer Fähigkeit, zum richtigen Zeitpunkt zu zweifeln und in der Bereitschaft dann auch nachzusehen. In der Schule gilt es,

1 Mit der Verwendung des Wortes „Schüler" u. Ä. sind selbstverständlich männliche wie weibliche Personen gemeint. Die sprachlich verkürzte Form wird im gesamten Werk verwendet, um den Text möglichst kurz und lesbar zu halten.

2 Vielfach in der Tagespresse, so etwa in der Friedberger Allgemeinen vom 22. 11. 2013, S. 11 oder auch umfassend im Spiegel Nr. 25 vom 17. 06. 2013, S. 96–104, unter dem Titel „Die RechtSchreip-Katerstrofe".

Anstrengungsbereitschaft zu entwickeln, um sich der Aufgabe, richtig schreiben zu lernen, überhaupt zu stellen. Hierfür sind Anerkennung und Erfolgserlebnisse zentral. Dies kann nur gelingen, wenn jedes Kind immer wieder Lernangebote erhält, die an die eigenen Vorerfahrungen anschließen. Hierfür muss der Rechtschreibunterricht folgende Voraussetzungen erfüllen:

- Er muss den Sachgegenstand, also die deutsche Orthografie, möglichst klar und übersichtlich darstellen. Das ist möglich, weil die Forschung der letzten Jahre regelmäßige Zusammenhänge aufgedeckt hat, z.B. den Aufbau von Silben im Deutschen. Wie diese Erkenntnisse im Unterricht umgesetzt werden können, soll im Buch gezeigt werden.
- Er muss adaptiv sein, d.h. am Lernprozess der Schüler orientiert. Gelingen kann dies durch verschiedene Maßnahmen. Ein wichtiger Aspekt ist die Aufgabenstellung, der die Kinder begegnen. Gute Aufgaben zeichnen sich dadurch aus, dass sie Lösungen auf unterschiedlichen Niveaustufen erlauben. Diese Aufgaben ermöglichen das Erkennen von Zusammenhängen, die eine Lösungshilfe für ein Schreibproblem enthalten. Traditionelle Rechtschreibregeln sind dagegen nicht immer hilfreich, weil ein Kind allein dadurch, dass es eine Regel aufsagen kann, diese noch nicht anwendet; z.B. die Regel „Nomen schreibt man groß" hilft noch nicht. Hilfreich ist erst die Handlungsanweisung: „Probiere aus, ob zu diesem Wort ein Artikel gehört. Wenn ja, dann schreibe es groß."
- Er muss einen lernförderlichen Blick auf den Fehler haben: Fehler sind unvermeidlich und spiegeln das erreichte Verständnis über die Sache wider. Kein Kind darf sich für einen Fehler schämen müssen, vielmehr sollten Fehlschreibungen immer wieder Anlass für gemeinsames Nachdenken sein. Lernen heißt immer auch: „Ah, so nicht? Warum? Wie dann?"
- Sorgfaltserziehung und Übung sind Grundpfeiler des Rechtschreibunterrichts. Beide werden völlig zu Unrecht mitunter geschmäht. Eine gut leserliche Schrift, die aus einer flüssigen Schreibbewegung entsteht, erleichtert das richtige Schreiben enorm. Deshalb hat sie es verdient, dass ihr auch in der Schule wieder die nötige Aufmerksamkeit zuwächst. Wenn Kinder üben und dabei erleben, dass sie besser werden, dann üben sie gern. Dies gilt für die Schrift in gleicher Weise wie für das Rechtschreiben. Diesen Zuwachs erleben sie, wenn die Übungen an das individuelle Lernniveau angepasst sind, sie keine Angst vor Fehlern haben müssen und ihre Leistungen wertgeschätzt werden. Damit schließt sich der Kreis.

1.1 Zum Verständnis

Lernen wird verstanden als intrapersonaler Vorgang, der im sozialen Austausch stattfindet. Als aktiver Konstrukteur des eigenen Wissens- und Könnensgebäudes entwickelt jedes Kind immer detailliertere Fähigkeiten im Umgang mit der Schrift. Kommunikation und Austausch über die verschiedenen Vorstellungen mit Gleichaltrigen und dem Lehrer ist ein zentrales Element des Kompetenzaufbaus. Man nennt dies Ko-Konstruktion. Ein solcher Lernprozess schließt sowohl intuitive als auch bewusst gesteuerte Vorgänge ein. Um regelhafte Zusammenhänge der Orthografie zu erfassen, müssen diese auch unverstellt ins Zentrum der Aufmerksamkeit gerückt werden. Dies sind die Rechtschreibprinzipien, wie sie in den Fachkapiteln (ab S. 50ff.) ausgeführt sind. Glückt dies, entstehen „Aha"-Erlebnisse, die für einige Zeit Einfluss auf die Schreibung haben. Das Kind schreibt bei entsprechender Konzentration nach solchen Regularitäten. Mit zunehmender Routine werden diese aber wieder unbewusst und somit zum festen Könnensbesitz. Hierfür ist Übung unverzichtbar.

Der hier vorgestellte Rechtschreibunterricht stützt sich auf ein **Orthografieverständnis**, das nicht das Schwierige, die Ausnahme betont, sondern das Grundlegende, die Ordnung in den Mittelpunkt des Unterrichts stellt. In diesem Sinne wird unterschieden zwischen Zentrum und Peripherie. Seit ca. 20 Jahren gibt es Forschungen, die „[...] überzeugend zeigen, dass die Orthografie in ihrem Kernbereich von hoher Systematik geprägt ist, die als Grundlage für eine sach- und lernergerechte Thematisierung im Rechtschreibunterricht dienen kann" (Müller 2010, S. 6). Diese Systematik wird beschrieben durch die Prinzipien der Rechtschreibung, die als Baugesetze verstanden werden können. Zentral sind das phonologische Prinzip (Laute sind Buchstaben zuzuordnen), das silbische Prinzip (Silben sind regelmäßig gebaut), das morphologische Prinzip (gleiche Wortstämme werden gleich geschrieben) und das grammatische Prinzip (Satz- und Wortgrammatik haben Einfluss auf die Schreibweisen). Nach diesen Prinzipien ist das Praxiskapitel geordnet (S. 50ff.).

Rechtschreibunterricht verweist in seiner Zielsetzung auf das Verfassen von Texten. Das Erlernen der Orthografie folgt aber eigenen Gesetzen und bedarf in den meisten Fällen einiger Zeit und Mühe. Allein vom Viel-Schreiben und einem weitgehend oder vollkommen selbstgesteuerten Schriftspracherwerb wird nicht der beste Erfolg erwartet, sondern neben vielfältigen Schreiberfahrungen sind vor allem gezielte und regelmäßige Übungen von Bedeutung. Das Zentrum bilden aber systematische Orientierungshilfen, die den Kindern erlauben, das grundlegende Bauprinzip der Orthografie zu verstehen und so zielführende Strategien zu entwickeln. Eine wichtige Hilfe hierfür sind Aufgabenstellungen, die selbstständige Entdeckungen erlauben, über die sich die Kinder austauschen können.

Lesehilfe 1

Da sich das Buch vor allem als Praxishilfe versteht, beschränkt sich das theoretische Kapitel 1 auf die Darstellung unterschiedlicher Aspekte des Lernprozesses. Mithilfe von Beispielen soll der Leser eine Vorstellung über kindliche Strategien und Überlegungen erhalten.

Im Kapitel 2 steht die Alltagsarbeit im Zentrum. Neben einem organisatorischen Rahmen werden die Grundpfeiler, die jeder gute Rechtschreibunterricht benötigt, dargestellt: Einsichten können zwar nicht gelehrt werden, ihre Gewinnung aber doch erleichtert. Regelwissen bleibt ohne Automatisierung fragil und letztendlich unproduktiv, deshalb ist stetige Übung für erfolgreiches Lernen zentral. Arbeitstechniken unterstützen das Lernen und bilden eine wichtige Brücke zum Verfassen von Texten. Erst durch die Verbindung Schreiben-Rechtschreiben wird Rechtschreibunterricht sinnvoll. Leistungsfeststellungen müssen nicht in Form von Diktaten abgehalten werden, die einem großen Teil der Kinder keine wirkliche Chance lassen. Dennoch dürfen sie anspruchsvoll sein.

Im Kapitel 3 folgen konkrete Unterrichtsvorschläge zu unterschiedlichen rechtschriftlichen Themen. Diese einzelnen Unterkapitel können bei Bedarf fallweise gelesen werden.

Lesehilfe 2

Nach der inhaltlichen Kurzübersicht möchte ich noch eine Lesehilfe gedanklicher Art anfügen. In der aktuellen Didaktik wird die Orthografie als eigenständiges System verstanden, das in weiten Teilen unabhängig von der mündlichen Sprache ist. Erst so wird die Systematik verständlich. Oft meint man, die Schreibweise eines Wortes aus dem natürlichen Sprechen ableiten zu können. Der geübte Schreiber denkt unbewusst an die Schreibweise, obwohl er meint, er würde über die Lautung, die Aussprache eines Wortes sprechen. Unser Wissen um die Schreibweise spielt uns einen Streich: als Folge sprechen wir dann „genau" oder „deutlich", weil wir bereits wissen, wie man ein Wort schreibt. In Wirklichkeit verfälschen wir aber Betonung und Sprechmuster. Das Wissen kommt also zuerst und die „richtige" Sprechweise folgt. Diese Möglichkeit haben Kinder ohne das entsprechende Wissen natürlich nicht: Sie müssen einerseits eine rechtschreibpassende Sprache erst erlernen, indem sie in Silben, deutlich und verlangsamt sprechen.[3] Andererseits darf diese nicht soweit gehen, dass ein unnatürliches Sprechen entsteht, bei dem Schreibhypothesen mündlich formuliert werden.

Ein Kind, das aufgrund seines Dialektes kaum zwischen /d/ und /t/ unterscheidet, lernt durch Überbetonung, dass es /Tomate/ sagen muss, um richtig zu schreiben, nicht /domade/. Wenn sich dies verfestigt, wird es auch /Tose/ statt /Dose/ sagen. In ähnlicher Weise sprechen Kinder später viele Rechtschreibphänomene ungerührt falsch, z. B. /Hiiiimel/ oder /Hilllfe/. Sie haben verinnerlicht, dass man übertrieben sprechen muss, um zur richtigen Schreibung zu gelangen.

Das folgende Beispiel soll zeigen, wie schriftfern die normale mündliche Sprache eines Kindes ist:

- Dialekt (/mia san schi gfan/);
- Umgangssprache (/wia sin schi gefaan/);
- Hochsprache (/wir sind schi gefaren/);
- Schrift (<Wir sind Ski gefahren.>).

3 Von Ch. Mann (19953) wurde dies Pilotsprache genannt.

Das Beispiel zeigt auch, wie schwer es ist, sich mithilfe der Schrift über gesprochene Sprache zu unterhalten. Da aber in diesem Buch – hoffentlich für den Leser verständlich – solche Zusammenhänge verhandelt werden, habe ich mich zu folgendem Vorgehen entschlossen: In /Schrägstrichen/ befindet sich immer der Laut der gesprochenen Sprache, allerdings mit dem geläufigen Buchstaben der geschriebenen Sprache dargestellt. Bestehen Unsicherheiten, so wird dies mithilfe eines Beispielwortes erläutert, z. B. der unterschiedliche Lautwert des /e/ in **E**-sel oder /e/ in Es**e**l. Ist die Schreibweise gemeint, so erscheint der Buchstabe oder das Wort in < >. Als Beispiele werden auch oft fehlerhafte Schülerschreibungen aufgeführt, diese erhalten dann ein * vor dem Wort.

1.2 Den Lernprozess der Kinder verstehen und unterstützen

Um die Kinder beim Lernen unterstützen zu können, muss der Lehrer Lernvorgänge zunächst einmal verstehen. Diese lassen sich einerseits als Stufenmodelle beschreiben. Damit sind die groben Lernschritte, die jedes Kind durchläuft, skizziert. Andererseits sind neben dieser zeitlichen Achse, die die gesamte Grundschule umfasst und z.T. darüber hinausweist, die Denkprozesse zu beachten, die beim konkreten Schreiben von Bedeutung sind. In Kapitel 1.2.2 werden Einflussgrößen des Unterrichts erörtert, die sich positiv oder negativ auf das Lernen auswirken können.

1.2.1 Wie Kinder Rechtschreiben lernen

Die vielfältigen Forschungsergebnisse zum Schriftspracherwerb der letzten Jahre weisen übereinstimmend das lange vorherrschende Modell der Wortbildtheorie zurück. Diese nahm an, dass sich die Kinder Wörter nach ihrer grafischen Gestalt einprägen, dass das Abbild des Wortes im Gehirn eingeprägt sei wie auf einer Münze. Heute herrschen vielmehr folgende Grundgedanken vor:

Die Kinder durchlaufen verschiedene Phasen, in denen sie unterschiedlichen Strategien folgen. Diese Strategien führen zu richtigen Schreibungen, aber auch typischen Fehlern, die in einer bestimmten Entwicklungsstufe normal sind. Bei diesen Strategiestufen wird eine zeitliche Achse von Monaten und Jahren betrachtet.

Das konkrete Schreiben eines Wortes, Satzes oder Textes folgt einerseits einer Strategie, also einer inneren Vorstellung darüber, wie Schriftsprache funktioniert; andererseits werden manche Wörter (aus verschiedenen Gründen) ohne große Überlegung, also routiniert, geschrieben. Es gibt Hinweise darauf, dass sich Kinder darin unterscheiden, ob sie bevorzugt strategiegeleitet schreiben oder auf gespeicherte Wörter zurückgreifen oder beide Zugriffsweisen fallweise mischen (vgl. Thomé 1999). Das folgende Bild soll die verschiedenen Möglichkeiten zeigen, die Einfluss auf die konkrete Schreibung eines Wortes haben.

Auch wenn sich die meisten Autoren über diese grundsätzlichen Zugriffsweisen einig sind, so heißt dies nicht, dass am einzelnen Kind konkret gesagt werden könnte, wie es genau denkt. Es gibt so viele Möglichkeiten des Verstehens, Halbverstehens und Missverstehens, sodass diesen durchaus detailliert nachgegangen werden muss. Manchmal scheint der Lernprozess zu stagnieren, manchmal scheint er Sprünge zu machen.

Die zeitliche Entwicklung

Der Entwicklungsprozess wurde von verschiedenen Autoren in den letzten Jahren als Stufenmodell dargestellt. Auch wenn sich Bezeichnungen und Altersangaben im Detail unterscheiden, so können doch folgende Entwicklungsabschnitte verallgemeinert werden:

- Vorstufen im Umgang mit Schrift; wichtig ist, dass die Kinder erfassen, dass mit Schrift Bedeutungen festgehalten werden.
- In der Zeit der Einschulung lassen sich hauptsächlich zwei Vorstellungsstufen unterscheiden:
  - Manche Kinder haben noch eine bildliche (logographemische) Vorstellung von Schrift: Die Kinder lesen und schreiben Wörter als Ganzes. „Da steht Tankstelle" – Das Zeichen „BP" wurde erkannt. Ein besonders typisches Bei-

spiel ist der eigene Name des Kindes: „Zuerst ein Kamm, dann so mit Zacken, dann noch einmal und am Schluss ein Dach mit einem Strich!" (= EMMA).

- Der Lautbezug der Schrift wird erkannt. Jeder Laut hat einen „häufigsten" Buchstaben. Am Schulanfang können die Kinder eine unterschiedliche Anzahl von Buchstaben benennen. Sie wissen, dass geschriebene Wörter aus mehreren Buchstaben zusammengesetzt sind; die Kinder vermuten nicht mehr, dass ein Buchstabe allein schon Bedeutung trägt. Dasselbe Kind würde jetzt seinen Namen zwar falsch, aber lautlich konstruiert *EMA schreiben. Hier wird ganz deutlich, dass die an der Norm gemessen fehlerhafte Schreibweise die aus lerntheoretischer Sicht Höherwertige ist.

- Der Lautbezug wird immer stärker ausdifferenziert bis zur vollständigen lautlichen Verschriftung. Parallel dazu oder zeitlich kurz nachgeschaltet, erfassen die meisten Kinder, dass Schrift keine 1:1-Zuordnung von Buchstabe und Laut ist, sondern weitere Überlegungen angestellt werden müssen. Dabei unterscheiden sich die Kinder durchaus darin, welche Phänomene zuerst in den Blick kommen, z. B. dass man für /ai/ meistens <ei> schreibt oder für /schp/ <sp> u. Ä.
- Die Kinder wenden sich immer komplexeren Zusammenhängen zu. Orthografische Schreibweisen werden zunächst erfasst, anschließend immer selbstständiger auch auf unbekannte Wörter übertragen, wobei es oft zu sogenannten Übergeneralisierungen kommt; d. h. die Kinder überdehnen den Anwendungsbereich. Bei einer positiven Lernentwicklung normalisiert sich dies und ein Prozess der Automatisierung setzt ein, der für immer größere Bereiche keine explizite Überlegung zur Schreibung mehr notwendig macht.

Die ersten beiden Phasen sollten spätestens bis Ende der 1. Jahrgangsstufe abgeschlossen sein. Ein Zweitklässler, der noch Schwierigkeiten hat, Wörter lautlich vollständig zu verschriften, bedarf sicher der besonderen Unterstützung.

Der Erwerb der übergeordneten Strategien ist nicht mehr „naturwüchsig" zu beobachten, weil Unterricht ja immer spezifische Schwerpunkte setzt und Erklärungsmuster anbietet. Auch wenn die Kinder die Erklärungen des Lehrers nicht immer so übernehmen, wie sie gemeint sind, so beeinflussen die Erklärungsmuster doch die meisten Schüler.

Diese Stufenmodelle dürfen allerdings nicht so verstanden werden, dass jede Stufe erst vollständig abgeschlossen werden muss, bevor ein Kind auf die nächste Stufe steigt. Ab der alphabetischen Stufe sind immer wieder fließende Übergänge zu beobachten. Allerdings müssen grundlegende Überlegungen weitgehend automatisiert sein, um hochwertigere Überlegungen anstellen zu können. Grundsätzlich verläuft der Lernprozess von einem ersten Erfassen über ein grundlegendes Verstehen hin zur völligen Automatisierung einer bestimmten Strategie. So wird z. B. ein Kind, das sich noch überlegt, wie man einzelne Buchstaben schreibt, kaum in der Lage sein, an die Auslautverhärtung zu denken. Der Grad der Automatisierung lässt sich sehr gut beim Schreiben eigener Texte beobachten. Hier ist die Aufmerksamkeit ja nicht vorwiegend auf die Rechtschreibung, sondern auf die Textproduktion gerichtet, sodass die Kinder nur das richtig schreiben, was sie schon weitgehend unbewusst können.

Dieses zeitliche Grobraster bietet dem Lehrer im Unterricht folgende Hilfe: Grundlegend ist die lautliche Verschriftung, zu der in einem weiteren Sinne auch Regelmäßigkeiten wie <st> gehören. Ohne dieses tragende Fundament ist das Kind für übergeordnete Themen kaum bereit. Für die weiterführenden Rechtschreibbereiche kann keine strenge Hierarchie angegeben werden. Manche Kinder lernen Bereiche, die mithilfe der Silbe (<ie> oder Mitlautverdopplung) leichter, andere solche, die mithilfe der Gleichschreibung des Wortstammes erschlossen werden können. Eine Grobeinordnung in dieses Stufenmodell erleichtert dem Lehrer den Überblick: Nicht der einzelne Rechtschreibfall dominiert, sondern eine verallgemeinernde Hilfe kann abgeleitet werden, beispielsweise legt eine Fehleranalyse eine verstärkte Arbeit mit Wortfamilien nahe.

Was passiert im Kopf beim Schreiben?

Mit diesem zeitlichen Grobraster ist aber lediglich die übergeordnete Zugriffsweise beschrieben, nicht das, was beim Schreiben konkret an bewussten und vor allem unbewussten Denkvorgängen abläuft. Generell geht die Lernforschung heute von zwei grundlegenden Zugriffsweisen aus: Einerseits folgen Lerner bestimmten Strategien, andererseits werden Wörter automatisiert geschrieben. Aber auch bei dem konkreten Zugriff auf das Wort ist nicht das gesamte Wort, sondern nur eine bemerkenswerte Stelle gespeichert, z. B. denkt das Kind: „Wasser mit zwei <ss>", an <er> denkt es dagegen vielleicht nicht explizit; dies wird nach der unbewussten Strategie „am Wortende wandelt sich lautlich /a/ in schriftlich <er>" schon automatisch geschrieben.

Zunächst werde ich an einigen Beispielen das Schreiben nach Denkstrategien genauer schildern, anschließend gehe ich auf weitere äußere Einflussfaktoren ein, die ebenso einen Einfluss auf die Richtigkeit haben können.

Wörter werden von Kindern nach Denkstrategien konstruiert. Dabei folgt jedes Kind bewusst oder unbewusst den inneren Regeln, die es über Schreibweisen kennt. Im Unterricht lohnt sich der Austausch, ein Beispiel in folgender Klammer.

Wortkonstruktion nach individuellen Denkstrategien (1)

Das Wort „schreien" war zu lernen. Die Kinder sollten angeben, ob man bei „schreien" einfach mitsprechen könne, ob man hier eine bekannte Regel anwenden müsse oder ob etwas zu merken sei. Die Mehrzahl der Kinder (Ende 1. Klasse) meinte, es handle sich um ein Wort zum Mitsprechen. Einer meiner schwächsten Schüler (Markus) war dagegen: „Nein, da muss ich schon denken: Sonst schreibe ich ja *schraien." Für ihn war die Verschriftung von /ai/ = <ei> noch nicht der Normalfall. Einer meiner besten Schüler (Fabian) meinte: „Ich finde, das muss man sich merken. Sonst schreibe ich *schreihen (betont gesprochenes /h/), wie sehen (ebenfalls /h/ betont). Eine Regel gibt's doch nicht?"

Für die meisten Kinder war /ai/ = <ei> bereits der Normalfall, für zwei Kinder aber „bemerkenswert", allerdings auf ganz unterschiedlichem Niveau: Während bei Markus eine einfache, sehr häufige Regularität noch nicht gesichert war, hatte Fabian schon ein seltenes übergeordnetes Phänomen (silbentrennendes h) für sich soweit entdeckt, dass er dieses für den Normalfall hielt. Im Hinblick auf die zeitlichen Stufen der Rechtschreibentwicklung befand sich Markus mitten auf Stufe 3 nach obiger Einteilung: Die Zuordnung von /ai/ zu <ei> war noch nicht automatisiert, aber schon deutlich im Blick. Fabian dagegen hatte schon eine innere Regel ausgebildet, die in etwa so lauten dürfte: „Wenn zwei Selbstlaute in zwei Silben aufeinander folgen, dann steht ein <h> dazwischen", befand sich damit schon auf Stufe 4. Diese Regel konnte er allerdings nicht angeben.

An diesem Beispiel soll zweierlei deutlich werden: Obwohl Fabian das Wort von sich aus ebenso wie Markus falsch geschrieben hätte, wird sein Lernstand als höherwertig eingeschätzt, weil sich seine Überlegung schon auf komplexere Bereiche der Orthografie bezieht und solche Überlegungen im Lernprozess erst später einsetzen als lautliche.

Ein weiteres Beispiel soll diesen Strategiebegriff verdeutlichen:

Wortkonstruktion nach individuellen Denkstrategien (2)

Claudia schreibt: „Der *Bal ist *bund." Es kann angenommen werden, dass „der" und „ist" automatisiert aus dem Wortspeicher geschrieben worden sind, da diese Wörter einfach und häufig sind. Die Großschreibung bei „Ball" kann konkret erfolgt sein: „Ich weiß, dass Ball groß zu schreiben ist!", kann aber auch über eine Strategie zur Nomengroßschreibung erzeugt worden sein, z. B.: „Kann ich sehen und anfassen." Der Doppelmitlaut ist unbekannt, eine Strategie steht auch nicht zur Verfügung. Strategiegeleitet ist aber die Schreibung *bund, vielleicht in dem Sinne: „Wenn ich hinten /t/ höre, schreibe ich <d>"; eine teilweise zutreffende Beobachtung hat Claudia übergeneralisiert, d. h. verallgemeinert.

Diese Denkstrategien lassen sich nicht beobachten, sondern sind meist aus dem Schreibprodukt erschlossen. Ein Gespräch mit dem Kind kann dann diese Lehrerhypothesen bestätigen oder korrigieren.

Neben diesen Denkstrategien gibt es aber auch noch Handlungsmuster, denen Kinder beim Schreiben folgen. Auch diese haben einen Einfluss auf die Richtigkeit der Schreibung. Hier drei typische Schreibhaltungen:

- Ein Kind murmelt leise vor sich hin oder bewegt zumindest die Lippen.
- Ein Kind kaut am Stift, blickt in die Luft und schreibt dann mit einem Lächeln weiter.
- Ein Kind schreibt sehr schnell und im wahrsten Sinne „ohne Punkt und Komma" vor sich hin.

Diese unterschiedlichen Schreibhaltungen sollen zunächst in ihrer Wirkung noch vollkommen wertfrei beschrieben werden:

- Das eine Kind schreibt sehr konzentriert, Schreiben und Sprechen verlaufen dabei synchron.
- Das zweite Kind denkt über eine Schreibweise nach – letztlich im eigenen Verständnis erfolgreich, sonst würde es nicht lächeln.
- Das letzte Kind ist vollkommen auf den Inhalt konzentriert und arbeitet schreibtechnisch routiniert.

Mit dieser Beschreibung ist noch nichts über die Güte des Ergebnisses ausgesagt, diese kann beim gleichen Handlungsmuster sehr unterschiedlich sein:

- Durch das konzentrierte Schreiben und sorgfältige Sprechen entstehen wenig Fehler. Es kann aber auch sein, dass das Kind meint, die Schreibweise ausschließlich aus der Lautung erschließen zu können, hierdurch keine weiterführenden Überlegungen anstellt und sehr fehlerhaft schreibt.
- Das Nachdenken über eine Schreibweise kann mehr oder weniger erfolgreich sein, s. oben „*bund".
- Beim routinierten Schreiben erkennt man sehr gut, welche Schreibweisen das Kind schon unbewusst beherrscht. Ein Vergleich mit Schreibungen, bei denen sich das Kind auf die Rechtschreibung konzentriert hat, zeigt meist, was sich schon auf dem Weg zur Automatisierung befindet und für welche Schreibweisen noch explizite Überlegungen angewandt werden müssen. In seltenen Fällen machen Kinder beim automatisierten Schreiben weniger Fehler als beim konzentrierten. Dies darf dann immer als Hinweis auf Verunsicherung oder Angst vor Fehlern gewertet werden.

Unterschiedliche Handlungsweisen können aber auch von einem Kind in verschiedenen Situationen angewandt werden.

- Das Kind möchte besonders sorgfältig, fehlerfrei und schön schreiben.
- Dem Kind werden gerade Wörter diktiert und es denkt dabei über die Schreibung nach.
- Das Kind schreibt mit Begeisterung einen freien Text, zu dem es Wichtiges zu sagen hat und ist vollkommen auf den Inhalt konzentriert.

Die Schreibungen von Kindern sind also nicht ausschließlich von der Lernstufe, sondern ebenso von den aktuellen Denk- und Handlungsstrategien und der Schreibsituation abhängig.

1.2.2 Einflussfaktoren von Unterricht

Rechtschreibunterricht ist eingebettet in einen größeren pädagogischen Rahmen, in die Klassenatmosphäre. Zentrale Kennzeichen sollten sein:

- Umgang mit Fehlern: Fehler als Lernchance zu begreifen, ist eine wichtige Grundlage. Fehlerhafte Schreibweisen sind immer Ausdruck einer Hypothese des Kindes. Diese gilt es zu verhandeln, die richtigen Anteile zu bestärken, die irrtümlichen zu revidieren. Damit ist keineswegs eine Verherrlichung des Fehlers gemeint, wie dies manchmal romantisierend unterstellt wird. Selbstverständlich gilt es, falsche Schreibweisen zu überwinden, aber das Kind darf sich nie für einen Fehler schämen müssen.

- Im Unterricht ist ein Anspruchsniveau anzustreben, das sogenannte „gute Aufgaben" enthält, die sowohl für schwächere als auch für leistungsstärkere Schüler eine interessante Fragestellung enthalten. Dabei wird Motivation erzeugt, die von Erfolgszuversicht getragen ist und nicht aus Angst Versagen begünstigt. Solche Aufgaben ermöglichen mehrere Lösungen, es gibt nicht nur die eine, richtige Lösung. Hier ein Beispiel: Vergleiche die Wörter Pfoten und Pfosten. Was ist gleich, was ist unterschiedlich? (Gleich: Beide sind Nomen; die 2. Silbe; der Wortanfang; beide können als Mehrzahl verstanden werden, dann ist der Artikel gleich. Unterschiedlich: die erste Silbe – offen und geschlossen, ein Buchstabe mehr; Pfoten ist Mehrzahl, Pfosten kann Einzahl und Mehrzahl sein, der Artikel ist dann verschieden.) Die Vielzahl der Entdeckungsmöglichkeiten zeigt, dass alle Kinder solche Entdeckungen machen können. Diese sollten gewürdigt werden. Leistungsstärkere Schüler werden eben verstärkt in die Tiefenstruktur der Sprache eindringen.
- Die Strategiebildung wird nicht durch normative Regelnennung, sondern durch Einführung, Erprobung und Diskussion von Denkhandlungen (Ko-Konstruktion) unterstützt. Zentral ist dabei immer, dass die Kinder trennen können zwischen Lernsituationen, in denen Fehler als Lernchancen gewürdigt werden, und Prüfungssituationen.
- Übungen stellen einen festen Bestandteil des Unterrichts dar; sie sind weder mechanisch noch dem Ermessen der Kinder anheim gestellt. Sie haben klaren Verbindlichkeits- und Zielcharakter.

Die drei Zentralbereiche für fördernden Rechtschreibunterricht Motivation, Förderung innerer Regelbildungsprozesse und Übung sollen nun konkretisiert werden (vgl. Spiegel 1999):

Lernatmosphäre und Motivation

Eine angstfreie Lernatmosphäre hängt besonders eng mit dem Verständnis des Fehlers als integralem Bestandteile des Lernprozesses zusammen. Fehler können im Unterricht gewürdigt werden, indem Kinder immer wieder gefragt werden, ob ihre Fehler als Beispiel für eine allgemeine Erörterung genommen werden dürfen, um einen Irrtum aufzudecken, den mehrere Kinder haben. Das gemeinsame Nachdenken darüber, warum der Fehler entstanden ist, führt oft zum Erkennen eines Irrtums, weist aber atmosphärisch weit darüber hinaus. Bei diesen „Fehler-Denk-Gesprächen" ist nicht der Lehrer derjenige, der mehr weiß, sondern die Kinder sind die Kompetenzträger, sie können erklären, wie man darauf kommt, *erschrägt (= erschreckt) zu schreiben. Neben rechtschriftlicher Spurensuche wird hier immer auch empathisches Verhalten gepflegt.

Motivation entsteht bekanntlich dadurch, dass jeder Schüler seinen eigenen Lernfortschritt wahrnimmt und seine Leistung in Abhängigkeit seiner Anstrengung erlebt. Motivation wird nicht in erster Linie von nett verpackten, spielerischen Übungen erwartet. Individuelle Vereinbarungen über den nächsten Lernschritt tragen hierzu ebenso bei wie das Erlebnis, eine Hürde überwunden zu haben. Auch schwächere Schüler können in Lernzielkontrollen gute Ergebnisse erzielen. Dies geschieht dann, wenn eine Kontrolle sich auf unmittelbar zuvor Gelerntes bezieht. Konkret: Arbeitet man mit einzelnen Wörtern und nicht ständig mit Texten, so ist auch ein leistungsschwaches Kind nach Übung in der Lage, diese richtig zu schreiben. Lange Diktattexte geben diesen Kindern z. B. überhaupt keine Chance.[4]

Unterstützung innerer Regelbildungsprozesse

Um innere Regelbildungsprozesse zu unterstützen, ist zunächst einmal von Bedeutung, dass die Kinder passende Muster erhalten. Dies setzt voraus, dass sie zunächst an Wörtern üben, die den Grundprinzipien der Orthografie gehorchen und nicht an solchen, die Ausnahmeerscheinungen darstellen. Auch der Rechtschreibunterricht muss dem Prinzip der Klarheit folgen. In der deutschen Rechtschreibung sind hier vor allem die Hilfen, die vom silbischen Prinzip ausgehen, in das Bewusstsein gerückt (s. S. 68 ff.).

Das Sprechen und der Austausch der Kinder untereinander über Begründungen für Schreibungen ist Unterrichtsprinzip. Die Aufforderung „Erkläre, warum man ... so schreibt?" steht häufig im Zentrum, auch in anderen Fächern, wenn etwas aufzuschreiben ist. Dadurch werden die immer wieder gleichen Überlegungen und Operationen eingeübt und angewendet. Indem Kinder aufgefordert werden, gemeinsam mit einem Partner rechtschriftliche Aufgabenstellungen zu lösen, werden Missverständnisse deutlich und können so aufgelöst werden. Außerdem üben sich die Kinder im Begründen und gelangen auf diese Weise zu größerer Entscheidungssicherheit.

Übung

Die alten Übungstugenden, wie verteiltes, aber zeitlich beschränktes Üben, haben nach wie vor Gültigkeit, ebenso wie der feste Übungsplatz am Schulvormittag und regelmäßige Wiederholungen von Bedeutung sind.

Übungen sollten darüber hinaus an die Sachstruktur angepasst sein: Bei Wörtern mit einer Merkstelle sind Schreibübungen durchaus sinnvoll. Bei regelgeleiteten Schreibweisen sollte dagegen eine Verbindung zwischen Strategie und Schreibung ersichtlich sein.

Übung ist motivierender, wenn sie zeitlich für alle Schüler gleich ist, d. h. schwächere oder langsame Schüler werden nicht ständig durch ein größeres Volumen an Hausaufgaben bestraft. Der erhöhte Übungsbedarf schwächerer Schüler wird zumindest teilweise durch Verlegung in den Wochenplan gedeckt.

Übung sollte sich am Lernniveau der Schüler orientieren. Dabei muss nicht für jeden Schüler ein eigenes Förderprogramm bereitgestellt werden, aber die Auf-

4 Hierdurch soll keineswegs das Anforderungsniveau gesenkt werden. Aber differenzierte Aufgaben ermöglichen Erfolgserlebnisse auch für schwächere Schüler. Von den Spitzen der Klasse können dann durchaus noch schwierigere Aufgaben gefordert werden.

gaben können sich an die Bedürfnisse und den Verständnishorizont der Kinder anpassen (s. Kap. 2.3).

Schüler üben intensiver und erfolgreicher, wenn sie genau wissen, was sie tun sollen und wozu eine Übung dient. Spielerische Verpackung kann ablenken, in einem Übungsparcour (z. B. Stationentraining) vertändeln manche Kinder viel Zeit mit der Suche nach einer geeigneten Aufgabe oder bei der Beobachtung ihrer Klassenkameraden. Mögliche Einflüsse des Unterrichts auf das Rechtschreiblernen zeigt die Grafik.

Neben diesen grundlegenden Rahmenbedingungen des Unterrichts werden hier kurz rechtschreibspezifische Grundlagen zusammengefasst, die in den Fachkapiteln näher begründet sind:

- Die Rechtschreibsprache: Ausgangspunkt dieser Sprache ist das geschriebene Wort, das deutlich und in Silben getrennt gesprochen wird. Durch häufiges Üben wird erwartet, dass im Laufe der Zeit ein Übertragungseffekt auftritt, der die Kinder in die Lage versetzt, ihre mündliche Sprache in eine rechtschreibgerechte umzuformen. Dass hierbei auch Übergeneralisierungen stattfinden, ist normal. Bei dieser Explizitsprache gilt es, die Balance zu halten: Die Betonung eines Wortes darf dabei nicht verfälscht werden, das Wort soll den Normalklang nicht verlieren.

- Als grundlegende Denkhandlungen sind die silbische Rechtschreibsprache und das gewohnheitsmäßige Verbinden zweier Wortformen (laut – laute) einzuüben. Diese Verbindung von ein- und zweisilbiger Wortform zu automatisieren hilft dem lernenden Schreiber deshalb, weil dieser ja oft noch nicht weiß, wann mit einer Schwierigkeit zu rechnen ist. Das fallbezogene Anwenden setzt dagegen ein Problembewusstsein voraus, das dem Lerner ja gerade noch fehlt.
- Ausgang vom Wort: Nicht ein (Diktat-)Text ist Grundlage der rechtschriftlichen Arbeit, sondern einzelne Wörter. An diesen können die orthografischen Zusammenhänge deutlicher erfasst werden und es ist nicht immer wieder mit Störungen durch widersprüchliche Prinzipien zu rechnen. Eine Ausweitung über Sätze zu Texten findet differenziert und fallweise statt. Die Wörter werden in einer Lernwörterkartei gesammelt und für Systematisierungen und Wiederholungen bereitgestellt.
- Arbeitstechniken werden gezielt und explizit eingeführt und nicht stillschweigend von den Schülern erwartet. Sie werden immer wieder in ihrer Anwendung thematisiert. Dies geschieht meist in Verbindung mit anderen Lernbereichen.
- Korrektur: Korrektur darf nicht zu Demotivation führen. Grundsätzlich ist zu unterscheiden zwischen Korrekturen im Rahmen von Rechtschreibübungen und rechtschriftlichen Überarbeitungen von selbst verfassten Texten. Im Rechtschreibunterricht muss der Lehrer Fehler anstreichen und sinnvoll verbessern lassen. Ein eigener Text, der überwiegend rot markiert ist, ist dagegen sehr demotivierend, der Lerneffekt fraglich. Als Grobrichtung kann Folgendes angenommen werden: Ein Erstklässler fasst seinen kurzen Text oft noch als „Gesamtkunstwerk" auf und wäre mit einer Überarbeitung überfordert und demotiviert. Hier kann der Lehrer den Text auch noch einmal abschreiben und so schon wieder ein Muster liefern. Von einem Viertklässler kann durchaus erwartet werden, dass er wenigstens einen Text, der veröffentlicht wird, rechtschriftlich fehlerfrei überarbeitet. Die Abwägung findet immer im Spannungsfeld Motivation – Lernerfolg statt. Ein grundlegender didaktischer Fehler wäre es allerdings, wenn Kinder irrtümlich meinen, ihr Text sei vom Lehrer korrigiert und enthalte keine Fehler mehr oder der Lehrer hat nur einen Teil der Fehler markiert.
- Begriffliche Klarheit: Da Lernen stärker als früher durch den Austausch und das Verhandeln von Vorstellungen mit Kommunikationspartnern erwartet wird, ist es wichtig, sich über die verwendeten Begrifflichkeiten Gedanken zu machen. Damit diese der Verständigung und dem Aufbau gesicherter Vorstellungen dienen können, muss ebendieses Verständnis immer wieder gesichert werden. Diesem Anspruch genügen folgende Klassen von Begriffen:

- Vorläufige Lernbegriffe, die aus der Klassengemeinschaft erwachsen. Diese entstehen, wenn Kinder Sachverhalte untersuchen und zu beschreiben versuchen. Am Ende eines solchen Vorgangs wird gefragt: „Wie könnten wir ... jetzt nennen?“, ein Begriff, der von möglichst vielen Kindern akzeptiert wird, wird gewählt.
- Lateinische Fachbegriffe sind oft den deutschen vorzuziehen. Grundsätzlich haben sie den Vorteil, dass die Kinder in höheren Klassen nicht umlernen müssen. Wesentlicher erscheint aber, dass ein Teil der deutschen Begrifflichkeiten im besten Bemühen, es den Kindern einfach zu machen, den Blick auf die zu bezeichnenden Sachverhalte verstellen können. Am Beispiel der Wortarten soll dies verdeutlicht werden. Der Begriff „Namenwort“ kann das Verständnis sehr behindern, auch wenn er bei Eigennamen einleuchtend erscheint. Schon bei den Bezeichnungen für Tiere („Wie heißt der Hund?“) oder Dinge („Hat der Tisch einen Namen?“) kann er zur Verwirrung führen, von Abstrakta gar nicht zu reden. So ist das lateinische „Nomen“ kein schweres Wort, verleitet aber nicht in gleicher Weise zu einer inhaltlichen Füllung. Ähnlich verhält es sich mit dem Begriff „Tunwort“. Zustandsverben (bleiben) und vor allem Hilfs- und Modalverben (sollen, dürfen usw.) sind mit der Vorstellung einer Tätigkeit schwer zu vereinbaren. So wäre auch hier für den lateinischen Begriff „Verb“ zu plädieren. Mit „Wiewort“ haben die Kinder dagegen seltener Verständnisprobleme. So kann dies durchaus eingesetzt werden.

Das Verständnis von Begriffen ist immer abzusichern, um lernwirksam zu sein. Gewarnt werden muss vor einem didaktischen Fehler, der leider auch in Arbeitsmitteln immer wieder anzutreffen ist, der sogenannten Ranschburgschen Hemmung. Damit wird die Tatsache beschrieben, dass Lernen gehemmt wird, wenn zu ähnliche Inhalte miteinander gelernt werden sollen. Für das Rechtschreiben bedeutet dies: Bieten Sie nie ähnliche Inhalte an, für die die Kinder keine klare Entscheidungsstrategie haben. Ein Beispiel soll dies zeigen:

- Es sind immer wieder Übungen anzutreffen, die unterschiedliche Schreibweisen des Langvokales vermischen: „Setze ein: Wörter mit <e>, mit <eh>, mit <ee>!“ Am Ende einer solchen Übungseinheit werden die Kinder mit Sicherheit verwirrter sein als zuvor, da es für die Verwendung von <eh> und <ee> keine Regel gibt (Reh/Fee). Nach einiger Zeit erinnern sich die Kinder vielleicht noch, dass man Moor und Mohr schreiben kann, aber welche Schreibweise gilt wann?

Ebenso gewarnt werden muss vor dem verhängnisvollen Satz „Das hört man doch!“. Oft meint der kompetente Schreiber, dass er die Schreibweise seiner Lautung entnommen hätte. In Wirklichkeit floss aber ein umfangreiches Wissen um die Schreibung mit ein. Was man tatsächlich hört, das ist den Schreibungen der Anfänger wesentlich genauer zu entnehmen.

2 Die tägliche Arbeit

Im Kapitel 2.1 wird die Planungsarbeit des Lehrers beispielhaft vorgestellt. Ein Hauptgewicht erhält dabei die Arbeit mit einer Lernwörterkartei. Die folgenden Kapitel thematisieren die „Säulen" des Rechtschreibunterrichts: Unterstützung von Verstehensprozessen, Übungen und die Einführung in Arbeitstechniken. Einige Vorschläge zur Leistungsmessung schließen diesen Teil ab.

2.1 Vom Jahresplan zum Wochenplan

Im Folgenden stelle ich zunächst eine Grobplanung, anschließend grundlegende Arbeitsweisen vor und schließe mit einem Beispiel für eine Sequenzplanung ab.

Überlegungen zur Jahresplanung
In den Jahresplan sind folgende Bereiche zu integrieren: Einübung in Arbeitstechniken; Wortschatzarbeit; Schreibprojekte, die ein spezifisches Wortmaterial benötigen; Wiederholungen und vor allem übergeordnete Strategien, im Sinne von Festigung von Denkhandlungen.
Mit letzterem möchte ich beginnen:

- 1. Klasse: Hier wird als übergeordnete Strategie die Arbeit mit Silben im Mittelpunkt stehen. Die Kinder sollen lernen, dass sie sich die Wörter in Silben gegliedert vorsprechen, dabei ihre Sprache an die Schrift anpassen und Schreiben und Sprechen synchronisieren. Den Schwerpunkt stellt also das phonologische und silbische Prinzip dar. Die Großschreibung von Nomen wird angelegt.
- 2. Klasse: Diese Strategie wird beibehalten und gefestigt. Ergänzend kommen das morphologische und grammatische Prinzip hinzu. Zentral dabei ist die Verbindung zweier Wortformen: Es wird immer eine einsilbige mit einer zweisilbigen Wortform verbunden.
- 3. Klasse: Festigung der Arbeit der 2. Klasse und langsame, schrittweise Erweiterung durch die Arbeit an Wortfamilien.
- 4. Klasse: Schwerpunkt ist die Arbeit mit Wortfamilien, außerdem eine fortschreitende Individualisierung der übrigen Grundstrategien. Die Großschreibung wird auf Satzebene ausgebaut.

Damit sind lediglich die Schwerpunkte beschrieben, allerdings erscheint mir dies wichtig, um das Grundlegende bei der täglichen Kleinarbeit nicht aus den Augen zu verlieren. Die weitere Grobplanung könnte nun folgendermaßen aussehen:

Am Anfang des Schuljahres wird eine bekannte Arbeitstechnik wiederholt und für das 1. Quartal die Einführung und Einübung einer neuen Technik eingeplant. Gegen Ende des Schuljahres erfolgt noch einmal eine Schwerpunktsetzung aus dem Bereich Arbeitsweisen.

Als zweiten Schritt kann man Schreibprojekte im Jahreskreis festlegen. Diese können im Zusammenhang mit dem Sachunterricht, einem literarischen oder künstlerischen Projekt oder einem jahreszeitlichen Schreibanlass stehen.

Als letzter Schritt werden die Lücken im Plan mit rechtschriftlichen Schwerpunktsetzungen aufgefüllt, wie sie ab Kap. 3.2 beschrieben sind. Hierbei sollte die Grobgliederung nicht zu dicht sein, damit die Entwicklung der Klasse adaptiv begleitet werden kann.

Für eine 3. Jahrgangsstufe könnte jetzt ein Jahresplan konkret so aussehen:

- Arbeitstechniken: Abschreiben wiederholen, das Nachschlagen einführen und für das gesamte Jahr in den Mittelpunkt stellen. Im 3. Quartal eine Überarbeitungsstrategie einführen (Diese könnte dann Schwerpunkt in der 4. Klasse sein.).
- Schreibprojekte könnten sein: Klassenlektüre, Winter, Natur oder Freizeit. Hier werden Themen des Sachunterrichts Anregungen bieten. Diesen Projekten kann man nun schon Wortmaterial zuordnen, dem letzten z. B. „Merkwörter mit doppeltem Selbstlaut", da sich hier eine inhaltliche Verknüpfung anbietet (Meer, See, Schnee usw.; s. Kap. 3.5). Meistens ergibt sich in diesem Zusammenhang aber kein rechtschriftlicher Schwerpunkt.
- Rechtschriftliche Themen: Beginnen sollte man jedes Schuljahr mit lauttreuen Wörtern, um immer wieder das Normale und Grundlegende in den Mittelpunkt der Aufmerksamkeit zu rücken (s. Kap. 3.2). Nun könnte ein Schwerpunkt zur Mitlautverdopplung folgen, ein Fall aus den Merkschreibungen (s. Kap. 3.5) und später einer zur Gleichschreibung des Wortstammes (s. Kap. 3.4). Wichtig ist vor allem die Wiederholung. Begründungen von Zusammenhängen müssen wiederholt aufgegriffen und angewandt werden, um sie sich dauerhaft einzuprägen. Diese Planung lässt noch deutlich Raum für das Aufgreifen von Problemen und Schwierigkeiten.

Am Anfang des Schuljahres sollte man sich auch überlegen, welche Routinen man im Unterricht installieren möchte, z. B. das 10-Minuten-Training nach dem Morgenkreis oder die Analyse eines Wortes (Satzes) zu Beginn des Tages. Für Schüler sind Routinen nicht nur langweilig, ode und mit Drill verbunden. Sie geben auch Sicherheit. Wenn die Kinder wissen, was von ihnen erwartet wird, können sie sich darauf einstellen. Wenn die gesamte Klasse arbeitet und dabei Ruhe herrscht, so fügt sich der Einzelne leichter in diese Arbeitsatmosphäre ein. Bei ständiger Wahlmöglichkeit vertrödeln einige Kinder viel Zeit mit der Entscheidungsfindung. Unlustgefühle steigen auch dadurch, dass man sie in das Zentrum der Wahrnehmung rückt: Wer ständig überlegt „möchte ich lieber dies oder das?", der verhungert mitunter wie der berühmte Esel zwischen den zwei Strohballen.

Routinen sind für den Rechtschreibunterricht aber auch aus sachlogischen Gründen hilfreich. Das Lernziel ist ja zu einem gewissen Grad „Routine", d. h. die Schüler sollen lernen, automatisiert zu schreiben. Hierfür bietet die Arbeit mit einer Lernwörterkartei eine gute Möglichkeit.

Ausgang vom Wort: Arbeit mit einer Lernwörterkartei

Die Arbeit mit einer Lernwörterkartei eignet sich für einen strategiegeleiteten Rechtschreibunterricht besonders gut, weil die Wörter einzeln verfügbar sind. So können grundlegende Operationen immer wieder durchgeführt werden, sie schleifen sich ein. Wenn die Kinder erleben, dass sie immer wieder dieselben Überlegungen anstellen müssen, so üben sie nicht nur das konkrete Wort, sondern am Wort die Denkhandlung. Wenn Kinder z. B. automatisch einsilbige und zweisilbige Wortform verbinden, so können sie dadurch verschiedenen Phänomenen auf die Spur kommen. Darüber hinaus sehe ich folgende Vorteile einer Arbeit, die ihren Ausgangspunkt vom Wort nimmt:

- Das Wort ist die kleinste sinntragende Einheit der Sprache. Beherrschte Wörter können in vielfältigsten Zusammenhängen immer wieder frei kombiniert werden.
- Wörter können vom Lehrer nach unterschiedlichen Ordnungen ausgewählt werden: Wie oben gezeigt, kann man im Zusammenhang mit einem sachlichen Thema die Wörter nach dem Inhalt auswählen, unter rechtschriftlichem Schwerpunkt nach einem Rechtschreibfall.
- Da die Kinder jedes einzelne Wort in die Hand nehmen können, sind wiederholende Übungen ebenso möglich, wie solche, die eine neu gewonnene Hypothese überprüfen; z. B. kann die Vermutung: „stummes-h steht meistens nach einem langen Selbstlaut" dadurch überprüft werden, dass alle Wörter mit langem Selbstlaut aus der Kartei herausgesucht werden. Durch den Vergleich von solchen mit und ohne <h> werden die Kinder sehen, dass die Kennzeichnung mit <h> die Ausnahme ist.
- Mit den Wörtern wird explizit, aber auch implizit die Wortart gelernt.
- In dieser Arbeit liegt ein großes Differenzierungspotenzial: So können die Übungen, die Kinder mit unterschiedlicher Leistungsfähigkeit machen, differenziert werden (s.u.); außerdem kann natürlich der Umfang des Wortmaterials steigen: Für alle Schüler gibt es einen Mindestwortschatz, der individuell erweitert und aufgestockt werden kann.
- Die Grundanforderung ist so gering, dass auch leistungsschwache Schüler Übungserfolge erfahren können. Auch wenn sie bei schwierigeren Aufgaben scheitern, so versagen sie doch nicht bei der gesamten Aufgabe, wie dies beim Diktat der Fall ist (s. Kap. 2.4).

Selbstverständlich ist es Ziel der Arbeit, die Wörter im Zusammenhang anzuwenden. Auch wenn das Wort Ausgangspunkt ist und im Zentrum der Übungen steht, so findet immer auch eine Ausweitung auf den Satz oder den Text statt. Ein Grundmodell einer Arbeitssequenz mit Lernwörtern könnte folgendermaßen aussehen:

- Einführung – Gewinnung des Wortmaterials: Das Wortmaterial wird entweder aus einem Text gewonnen oder zusammen mit einer Aufgabe zur Problemlösung präsentiert (s. Kap. 2.2). Hierbei wird im Bedarfsfall immer auch die Bedeutung der Wörter geklärt. Die Wortkarten werden ausgeteilt, die Wörter silbisch gesprochen und die Silbenbögen dabei gesetzt. Anschließend werden die Wörter auf der Karte nachgespurt, wobei jeder der drei Hauptwortarten eine eigene Farbe fest zugeordnet ist. Zusätzlich wird durch ein Symbol markiert, welche Denkhandlung beim Schreiben dieses Wortes hilft (s. u.).

- Übungsphase: Die Übungen erfolgen in unterschiedlicher Weise und beziehen sich natürlich auf die Problematik der Wörter. Welche Möglichkeiten es hier gibt, ist Hauptthema von Kap. 2.3.
- Sicherungsphase der Wörter/„Hürdenlauf": Die Lernwörterkartei (siehe Grafik) hat vier Trennwände, die man „Hürden" nennen kann. Wie ein Sportler seine Muskeln trainiert, so müssen die Wörter trainiert werden. Erst wenn sie dreimal nach Diktat richtig geschrieben sind, kann man sicher sein, dass sie beherrscht werden. Nach jedem Diktat wandern die richtigen Wörter über eine Hürde. So erleben die Kinder ihren Lernfortschritt konkret. Ist ein Wort falsch geschrieben, so muss es in die „Krankenstation", d.h. wieder ganz nach vorn. Es ruht sich hier eine Weile aus und wird in der folgenden Trainingseinheit wieder mitgeübt. Das Diktieren der Wörter über die Hürde kann in die Hausaufgabe verlegt werden, wenn die Eltern über die Arbeit mit der Lernwörterkartei genau informiert wurden und sich zu dieser Unterstützung bereit erklären. Wenn sehr viele Kinder der Klasse eine institutionelle Betreuung am Nachmittag erfahren, ist es von Vorteil das Diktieren in den Schulvormittag zu integrieren. Wichtig ist hier eine Ritualisierung, z. B. Partnerdiktat am Morgen 10 Minuten. Schnelle Schüler werden hier verstärkt als Diktierer eingesetzt.

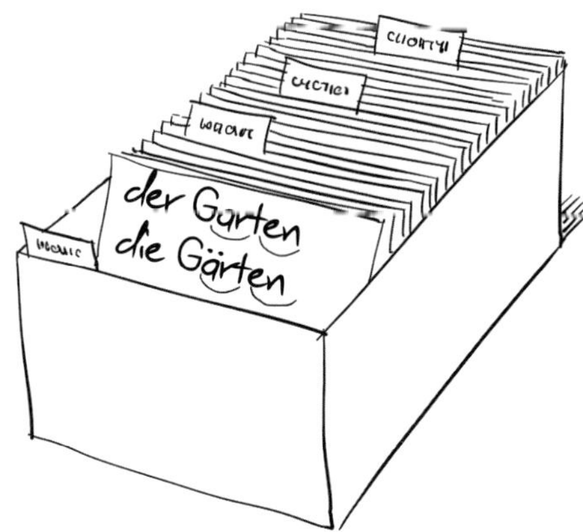

Eine Alternative zum vorgeschlagenen Umgang mit der Lernwörterkartei stellt es dar, wenn das Weiterwandern der Karten (Hürdenlauf) schon in der Übungsphase erfolgt, also die Kinder für jede durchgeführte Übung das Kärtchen ein Fach weiterwandern lassen können.

Manche Lehrer empfinden dies als Vorteil, weil alle Schüler annähernd zum selben Zeitpunkt die Kärtchen im hintersten Fach haben. Der Gleichschritt der Klasse und damit der Überblick durch den Lehrer bleibt stärker gewahrt. Allerdings hat dieses Verfahren auch einen Nachteil: Die (schwächeren) Kinder können nicht sicher sein, dass sie die Wörter im letzten Fach auch wirklich beherrschen und das Differenzierungspotenzial ist nicht ausgeschöpft (auch gute Schüler müssen an bereits beherrschtem Wortmaterial üben).

Eine Alternative zur Kartei insgesamt ist ein Grundwortschatzheft. Neben den Angeboten der Verlage lässt sich ein solches aber auch selbst herstellen. Dabei ist von einer alphabetischen Anordnung abzuraten, da hier der Korrekturaufwand enorm wäre. Man müsste das gesamte Heft pro Schüler durcharbeiten, da die Wörter nach inhaltlichen oder rechtschriftlichen Überlegungen geordnet sind und nicht nach dem Alphabet. Dennoch ist der Kontrollaufwand bei einem Heft größer als bei der Kartei, denn Fehler sollten hier nicht übersehen werden.

Konkret könnte eine Wochenplanung mit einem thematischen Wortschatz folgendermaßen aussehen:

- Für das Thema wurden nach einer gemeinsamen Sammelphase zehn für alle Schüler verbindliche Wörter ausgesucht, die meisten Kinder haben individuell ergänzt.
- Die Wörter werden rechtschreiblogisch nach Wortart und Rechtschreibstrategie analysiert.
- Nach individuellen und sachlogischen Bedürfnissen üben die Kinder in regelmäßigen Übungsphasen und als Hausaufgabe.
- Als Übungsziel stehen die Wörter nun für eigene Texte der Kinder zur Verfügung.

2.2 Rechtschreibstrategien entwickeln

Zunächst werde ich ausführen, in welchem Zusammenhang Strategieentwicklung und Wortschatzarbeit stehen, anschließend einen Prototypen einer Rechtschreibstunde zum Strategieerwerb vorstellen. Am Ende möchte ich noch auf Verständnisprobleme hinweisen.

Strategieerwerb bei der Wortschatzarbeit

Unter Rechtschreibstrategien sind Denkhandlungen zu verstehen, denen Kinder beim Schreiben folgen. Zunächst sind diese Denkhandlungen explizit, d.h. sie werden im Unterricht angesprochen und dem Kind beim Schreiben empfohlen. Im Laufe der Zeit tritt dieses Denken immer stärker in den Hintergrund des Bewusstseins, beim routinierten Schreiber ist es weitgehend unbewusst. Im Rahmen des Grundschulunterrichts handelt es sich vor allem um folgende Strategien. Diese werden hier in aufsteigender Schwierigkeit aufgeführt:

- Überdeutliches, bewusst an die Schreibung angepasstes und silbisch gegliedertes Sprechen.

- Gedankliche Verbindung von einsilbiger und zweisilbiger Wortform beim Schreiben.
- Die Wortart wird mitgedacht.
- Zusammengesetzte Wörter werden in Teile zerlegt.

Diese Denkstrategien stehen in direktem Zusammenhang zur Orthografie. In den Fachkapiteln werden diese Zusammenhänge noch deutlicher, sollen hier aber als Überblick kurz erläutert werden:

- Phonologisches und Silbisches Prinzip: Schon im Zusammenhang mit dem Erlernen der Buchstaben sind silbische Gliederungen hilfreich, da es Worte in kleinere Teile gliedert. Bald rückt der Vokal als Silbenträger Grundlagen der Orthografie ins Bewusstsein der Schüler. Dies stellt eine wichtige Grundlage bei der Erfassung von <ie> und Mitlautverdopplung dar.
- Morphematisches Prinzip: Die Verbindung von ein- und zweisilbiger Wortform betrifft die Bereiche: Auslautverhärtung und kombinatorische Verhärtung, Umlautung, ebenfalls <ie> und Mitlautverdopplung. Der Erklärungswert wird also immer implizit mitgeübt, z. B. <d> in „Hand" wegen „Hän**d**e", aber umgekehrt <ä> in „Hände" wegen „H**a**nd". Die Arbeit mit Wortbausteinen führt zur Erkenntnis differenzierter Bereiche der Rechtschreibung.
- Grammatisches Prinzip: Da jede Wortart auf eine feste, immer wiederkehrende Weise aufgeschrieben wird, verbindet sich hier explizites Lernen („dieses Wort ist ein Nomen") mit impliziten Lernen (Verbindung zwischen Artikel und Ein- und Mehrzahl).
  - Nomen werden mit Begleiter in der Ein- und Mehrzahl aufgeschrieben: das Haus, die Häuser.
  - Verben stehen in der Grundform und der 3. Person Singular. Diese Flexionsform ist einsilbig und damit fehleranfälliger und außerdem sehr häufig in Erzählungen, also: rennen, er rennt.
  - Adjektive erscheinen in der Grundform und einer attributiven Verwendung. Letztere ist zweisilbig und enthält damit meist eine Erklärung für die Schreibung. Der Hauptgrund ist aber die Automatisierung der Position zwischen Artikel und Nomen, um die Großschreibung des Adjektivs an dieser Stelle zu verhindern: schnell, das schnelle Auto.

Diese Denkhandlungen werden bei der Erarbeitung der Wörter auch explizit formuliert und können durch ein entsprechendes Symbol gekennzeichnet werden. Eine Etikettierung der Wörter mit den Begriffen Mitsprechwort, Nachdenkwort und Merkwort hat sich oft als wenig hilfreich erwiesen, weil für jeden Lerner eine individuelle Einschätzung zutrifft (vgl. Beispiel „schreien", S. 14) So ist eine Zuweisung dieser Begriffe zum Wort verwirrend. Viel hilfreicher ist es, wenn jedes Kind für sich vermerkt, welche Hilfe es bei der Schreibung anwendet. Die Zuordnung einer Strategie ist also auf den individuellen Lernprozess zu beziehen.

So sollen die Kinder ja nicht lernen, dass das Adjektiv „grün" ein Mitsprechwort und „gelb" ein Nachdenkwort ist. Es sollen lediglich die Handlungen, die bei der Schreibung behilflich sind, thematisiert und später mitgeübt werden.

Außerdem sollen die Kinder versuchen, sich über ihr eigenes Denken bewusster zu werden. Im Laufe des Lernprozesses verfügen sie ja schon über einige Strategien, sodass sie immer sicherer selbst ermitteln können, ob sie mithilfe dieser Strategie zur richtigen Schreibung gelangen.

Prototyp einer Nachdenkstunde

Das gemeinsame Nachdenken mit den Kindern über rechtschriftliche Fragestellungen steht im Zentrum des Rechtschreibunterrichts. Es wird deutlich weniger Zeit als das Üben in Anspruch nehmen, ist diesem aber vorgeschaltet, da es erst sinnvolles Üben ermöglicht. Dieses gemeinsame Nachdenken findet sicher immer wieder auch spontan statt, durch Lehrer oder Schüler angeregt. Grundsätzlich sollte es aber im Zusammenhang mit der Erörterung zu einem Rechtschreibfall am Anfang einer Einheit stehen.

Ausgangspunkt können Fragen der Schüler sein, eine Häufung eines Phänomens in einem Sprachspiel oder eine Textkonstruktion des Lehrers. Meist wird es eine Aufgabenstellung sein, die eine rechtschriftliche Entdeckung ermöglicht. Im Zentrum des Unterrichts steht die Hypothesenbildung, diese wird unterstützt durch Denkhandlungen des Suchens, Vergleichens und Ordnens. Diese Handlungen intendieren Systematisierungen und Generalisierungen. Interessant ist es dabei auch immer, wenn Kinder ganz andere Ordnungen finden als solche, die vom Lehrer geplant wurden. Hierdurch geben sie entscheidende Aufschlüsse über ihr Denken. Am Ende eines solchen gemeinsamen Nachdenkens steht nicht eine Regel, die die Norm der Rechtschreibung beschreibt, sondern eine Handlungsbeschreibung: Also nicht: „Nomen schreibt man groß", sondern: „Ich probiere, ob ich das Wort in die Einzahl und Mehrzahl setzen kann. Wenn das geht, ist es ein Nomen und ich schreibe es groß" (s. Kap. 3.6.2).

Dieses Vorgehen soll nun am Beispiel „Auslautverhärtung" verdeutlicht werden:

- Problemgewinnung: Folgende Wörter werden den Kindern diktiert: „Hund, Kind, Kleid, Bub, Korb, Tag, Zug". Was könnte an diesen Wörtern schwierig sein, wo hast du gezweifelt? Die Schüler nennen ihre Schwierigkeiten, von denen der Auslaut zunächst nur eine ist. Durch den Vergleich der eigenen Schreibung mit der korrekten an der Tafel wird das Problem eingegrenzt.
- Hypothesenbildung: Wie kann man herausfinden, dass man hinten mit <d>, <b> oder <g> schreibt? Hilfreich ist bei der Suche nach einer Handlungsstrategie der Einsatz von Gruppenarbeit, da sich die Kinder gegenseitig anregen und verbessern. Gemeinsam werden alle Hypothesen geprüft, die nicht zutreffenden Hypothesen enthalten auch oft richtige Teile von Überlegungen und sollten ebenfalls positiv gewürdigt werden.
- Hypothesenprüfung: Die Kinder suchen aus folgendem Text die entsprechenden Wörter heraus und ergänzen die neuen, fallgleichen: „An einem sonnigen Tag geht ein Bub mit seinem Freund, einem großen Hund, in den Wald. Mit einem großen Korb in der Hand steigt er auf einen Berg. Was er da wohl macht?"

- Nun erhalten die Kinder die Aufgabe, selbst solche Wörter in Wortlisten zu suchen. Die Hypothesen werden am entsprechenden Wortmaterial noch einmal überprüft und die zutreffende Denkhandlung wird formuliert (Verlängerung wäre eine allgemeine Regelformulierung, Mehrzahlbildung eine konkrete, aber engere).
- Damit keine Übergeneralisierung im Sinne von „Hinten schreibt man immer <d>, <g>, <b>" stattfindet, kann die Geschichte erweitert werden: „Im Korb sind Saft, Wurst und Brot. Auf dem Gipfel macht er Brotzeit. Dann spielt er mit seinem Freund. Er wirft einen Ast. Hasso bringt ihn immer zurück. Ohne Hast schlendern sie am Abend wieder nach Hause."

Beim Ausbau dieser Geschichte ist eine Differenzierung möglich: Kindern, die schon sicherer sind, kann der Text als Lückentext mit dem fehlenden letzten Buchstaben präsentiert werden.

Die Ausweitung mit Beispielen mit <t> am Wortende zeigt, dass es nötig ist, hierüber nachzudenken. Ob anschließend im Übungsprozess ausschließlich Wörter mit Auslautverhärtung geübt werden oder Entscheidungsaufgaben (<d> oder <t>?) im Zentrum stehen, ist vom Lernstand der Kinder abhängig. Zentral ist die Erkenntnis, dass die Überprüfung durch Verlängerung Klarheit über die Schreibung bringt.

Verständnisprobleme sind normal

Die konstruktivistische Sicht auf das Lernen hat uns gelehrt, dass Missverständnisse normal sind. Mit ihnen ist zu rechnen, besonders im Zusammenhang mit Regelnennungen. Selbst die korrekte Nennung einer Regel bedeutet nicht, dass das Kind den Sinn verstanden hat. Oft wird eine Regel nachgeplappert, um eine Antwort zu geben. Tatsächlich handelt es sich dabei um den Austausch von Leerformeln, ein Beispiel in der Klammer.

Thematisiert wird die Mitlautverdopplung. Eine ganze Reihe von Kindern kann eine (sehr missverständliche!, aber leider häufige) Regel nennen: „Nur nach kurzem Selbstlaut kommt doppelter Mitlaut." Der Lehrer ist zufrieden und meint, die Kinder hätten den Inhalt der Regel verstanden. Auf Nachfrage können aber nicht alle Kinder angeben, was denn ein kurzer Selbstlaut sei. Dass dann eine solche Regel keinen Erklärungswert für die Schreibung bietet, liegt auf der Hand.

Regeln und ihre Formulierung sind aus zwei Gründen problematisch. Erstens enthalten sie oft ein Wissen über das die Kinder nicht verfügen, wie hier eines über Vokale. Zweitens erfolgen bei Regelformulierungen oft Verkürzungen, die dem „Wissenden" nicht mehr als solche auffallen, den Lernenden aber verwirren können. Auch hier soll ein Beispiel dies demonstrieren.

„Immer wenn man /scht/ hört, schreibt man /st/", führt bei wörtlicher Anwendung zur Schreibung „er *fist" für „er fischt". Die etwas ausführlichere Regel: „Immer wenn man am Wortanfang ..." kann zu Schreibungen wie „er *verschtellt sich" führen. In beiden Fällen hätte sich das Kind „regelgerecht" verhalten.

Mit einem verkürzten oder erweiterten Regelverständnis ist immer wieder zu rechnen. In Kapitel 3 sind solche Möglichkeiten des Miss- oder Halbverstehens aufgeführt, sodass Klärungen im Gespräch mit dem einzelnen Schüler erreicht werden können. Oft wird es sinnvoll sein, solche Klärungen mit der gesamten Klasse zu führen. Dabei sucht der Lehrer Hilfe, die Kompetenzen liegen bei den Kindern, da diese die Experten für Verständnisprobleme sind: „Ich habe ein Problem und bitte euch um Hilfe. Oft kann man sich als Lehrer gar nicht mehr vorstellen, was Kinder an der Schreibung nicht verstehen. Immer wieder fällt mir auf, dass Kinder ... schreiben. Wer kann sich vorstellen, wo das Missverständnis liegt?" Kinder sind oft wirklich näher an Verständnisproblemen und in solchen Situationen immer sehr hilfsbereit.

2.3 Üben: Individuell und gemeinsam

Ein Plädoyer für einen strategieorientierten Rechtschreibunterricht bedeutet weder Verzicht auf Übung, noch ausschließliche Übung von Strategien. Vielmehr werden diese Strategien immer zusammen mit den konkreten Wörtern geübt. Es wird also nicht ständig nur „konstruiert" und „gedacht". Wenn hier für beides, Nachdenken und Üben, argumentiert wird, dann nicht im Sinne von Beliebigkeit, auch nicht um Abwechslung in den Rechtschreibunterricht zu bekommen. Auch nicht nach dem Gießkannenprinzip: Wenn ich alles anbiete, so kann sich jeder „Lerntyp" das für ihn Passende herausnehmen. Vielmehr bedingen sich Nachdenken und Üben gegenseitig.

Einsichtiges Lernen ist anhaltender als das Lernen von vielen unverbundenen Einzelheiten. Deshalb ist es sinnvoll, zuerst Einsichten zu gewinnen, Zusammenhänge zu erkennen. Das anschließende Üben dient der Automatisierung und damit der Entlastung beim Schreiben.

Auch beim Üben ist Passung angesagt: Bei manchen Wörtern hilft es nachzudenken, bei anderen muss ich mir die Schreibung merken. Ausschließlich wortspezifisches Merken würde das Gedächtnis überlasten, so stellt an die Sachstruktur angepasstes Üben eine Entlastung dar.

Zunächst werden Standardübungen im Zusammenhang mit der Wortschatzarbeit vorgestellt. Die sachlogischen Grundlagen wurden in Kapitel 2 dargestellt, spezifische Übungen zu einzelnen Rechtschreibfällen stehen in den entsprechenden Fachkapiteln. Anschließend folgen Übungsvorschläge zu spezifischen Fehlerschwerpunkten, die sich auch zur Empfehlung an Eltern eignen.

2.3.1 Standardübungen bei der Wortschatzarbeit

Die folgenden Übungen mit den Wortkarten sind in etwa nach aufsteigendem Schwierigkeitsgrad geordnet. Natürlich werden nicht in jeder Einheit alle Übungen durchgeführt. Auch bietet sich hier verschiedenstes Differenzierungspotenzial. Einige Kinder benötigen wiederholte Abschreibübungen, anderen genügt einmaliges Abschreiben. Manche Kinder üben schon sehr selbstständig und suchen sich ihre Übungen gezielt aus, andere Kinder benötigen einen festen Rahmen und klare Vorgaben. In der Regel werden aber die ersten Übungen von allen und verstärkt von leistungsschwächeren Schülern durchgeführt, die letzten Übungen von leistungsstärkeren.

- Abschreiben immer beider Formen, dabei auf silbisches Mitsprechen achten und auf Synchronität zwischen Sprechen und Schreiben.
- Silbengliederung der Wörter erproben und Silbenbögen unter die Wörter setzen. Meist ist es eine Hilfe, wenn die Kinder die Wörter beim Gehen oder Schwingen in Silben trennen, später genügt rhythmisches Sprechen. Klatschen führt bei vielen Kindern zu einer Fixierung auf einen Punkt.
- Wörter getrennt aufschreiben.
- Einordnen von Wörtern in Silbentabellen, z. B. nach der Anzahl der Silben, nach Vor- und Nachsilben und vor allem der zweisilbigen Wortform nach offener und geschlossener Silbe:

Offene Silbe	Geschlossene Silbe
Ha-se rau-schen	hal-ten Hef-te

- Wörter aus dem Kopf aufschreiben (immer beide Formen!): Wie viele Wörter hast du dir schon gemerkt?
- Je nach Übungsthema Wörter in Listen ordnen: nach Wortart, Inhalt, Rechtschreibbesonderheit usw.

Bei inhaltlicher Arbeit werden die Wörter jetzt im Text, dessentwegen sie geübt wurden, angewandt. An die Schreibung der Übungswörter wird auch in freien Texten der Anspruch der Richtigkeit erhoben.

Bei Wörtern, die nach einem rechtschriftlichen Gesichtspunkt ausgewählt wurden, bieten sich für das Bilden von Sätzen folgende Variationen an: Möglichst kurze/lange Sätze bilden, lustige Sätze, möglichst viele Wörter in einen Satz hineinpacken, Unsinnsätze (nur die formale Struktur darf stimmen: Der Baum singt ein raues Kind.) schreiben. Manche Kinder entwickeln eine erstaunliche Geschicklichkeit im Formulieren ganzer Geschichten, z. B. mit Übungswörtern zum Doppelmitlaut. Damit die Arbeit mit Sätzen Spaß macht, bedarf es zweier Dinge: Diese Sätze müssen immer wieder vorgelesen werden, Anerkennung erhalten. So regen sich die Kinder gegenseitig an und entwickeln neue Ideen. Der Lehrer darf an Inhalt und Ernsthaftigkeit keine allzu großen Anforderungen stellen.

Es wird kaum Kritik an den Sätzen geübt, auch wenn sie uns zum Lachen anregen, fällt das Lob dick aus.

- Übungen zur Wortfamilie: Verwandte suchen, auf große Wortkarten schreiben und diese zum Übungswort für die gesamte Klasse sichtbar an eine Seitentafel hängen.
- Neue, zusätzliche Wörter zum Thema oder Rechtschreibfall suchen, also Arbeit am individuellen Wortschatz.
- Kleine Übungsblätter mit Fragen (und Kontrolle auf der Rückseite) für die Mitschüler selbst erstellen, z. B. mit Aufgaben wie: „Schreibe ‚lesen' mit ich, du, er und wir auf." „Findest du noch drei Beispiele aus der Wortfamilie ‚Haus'?"

2.3.2 Übungen zu speziellen Fehlerschwerpunkten

Im Folgenden wird nach Fehlerschwerpunkten geordnet und deshalb zunächst an das einzelne Kind gedacht. Natürlich können diese Übungen auch mit der gesamten Klasse besprochen werden. Sie eignen sich aber auch zur Empfehlung an Eltern.

Fehlschreibungen unterlaufen noch auf der lautlichen Ebene

Buchstaben, deren lautliche Entsprechung man hören kann, werden ausgelassen oder verwechselt. Die silbische Rechtschreibsprache ist hierfür eine grundsätzliche Gliederungshilfe. Vor allem sollte man überprüfen, ob Schreiben und Sprechen zeitlich aufeinander abgestimmt sind. Manche Kinder schreiben langsamer oder schneller als sie sprechen und vergessen entsprechend Buchstaben oder wiederholen sie. Es kann auch notwendig sein, eine Explizitlautung, z. B. bei der Endsilbe, mit dem Kind einzuüben: /kau-fen/, nicht: /kauf.n/. Hier muss aber immer darauf geachtet werden, dass künstliches Sprechen nicht zu Übergeneralisierungen führt.

Mit dem Schreibtempo spielerisch variieren. Sinn ist es, das Schreiben in der Übungsphase aus der Automatisierung zu nehmen. Einige Fehler stehen in engem Zusammenhang mit der Schreibmotorik. So können einzelne Buchstabenkombinationen verschliffen oder unleserlich sein oder aufgrund schnellen Schreibens besonders am Wortende Teile fehlen. Die Kinder sollten in der Übungsphase das Schreiben künstlich verlangsamen („Kannst du in Zeitlupe schreiben?" „Wer von uns beiden kann das Wort langsamer schreiben?"). Hilfreich ist dabei ein Wechsel von Schreibgerät und Papier sowie das Spiel mit Farben. Manchmal kann es aber auch sinnvoll sein, das Schreibtempo spielerisch extrem zu steigern: „Bei welchem Tempo kann man noch etwas lesen, wann nicht mehr?" Dabei ist es sinnvoll, das gleiche Wort immer schneller zu schreiben. Hierbei steht die Selbstwahrnehmung im Mittelpunkt: Ab wann verkrampft sich meine Hand? Wann wird es unleserlich?

Manchmal entstehen Schreibfehler generell aufgrund einer unleserlichen Schrift. Auch wenn „Schönschreiben" verpönt ist, weil es an Drill und Schikane erinnert, so ist der Erwerb einer gut leserlichen und flüssigen Handschrift für das Rechtschreiben unabdingbar. Dabei sind vor allem drei Kriterien von Bedeutung: Eindeutige Lesbarkeit ist eine Grundvoraussetzung. Anfällig sind Einzelbuchstaben, aber auch Buchstabenverbindungen, besonders verwechslungsgefährdet sind <o> und <a>, <h> und <k>, <n>, <m> , <r> oder <r>, <r> und <v>, <v>, <l> und <b> in Verbindung mit einem weiteren Buchstaben, und die Unterscheidung in der Höhe: <e> und <l>. Wenn ein Kind hier Defizite aufweist, so muss es die entsprechende Buchstabenverbindung üben. Eine klare Unterscheidung von Ober- und Unterlängen erhöht ebenfalls die klare Gliederung des Schriftbildes. Der letzte Bereich ist eine einheitliche Schreibrichtung. Wenn auf diese Bereiche Wert gelegt wird, vermindern sich nicht nur die schreibbedingten Rechtschreibfehler, sondern die Überarbeitung wird erheblich erleichtert, weil man evtl. Buchstabenauslassungen leichter findet (Einübung in die 4er-Schritt-Abschreibtechnik und genaues Kontrollverhalten, s. Kap. 2.4).

Neben diesen auch immer die Arbeitshaltung und Schreibtechnik berührenden Bereichen haben Kinder bei Verwechslungsfehlern oft Wahrnehmungsprobleme. Hier hilft es, wenn man diesem Bereich einmal die volle Aufmerksamkeit schenkt. So können Listen angelegt werden mit Wörtern, die einen wiederholt verwechselten Kurzvokal enthalten oder solche mit der problematischen (hörbaren) Mitlauthäufung. Mit diesen Listen kann dann auch sprechtechnisch geübt werden, indem hier eine überdeutliche Lautung erprobt wird.

Bei Verwechslungen ist immer die Grundregel zu beachten: Wenn das Kind in der Lage ist, eine sichere Entscheidung zu treffen, so sind Entscheidungsübungen sinnvoll. Gerät es hierbei aber ins Raten, so ist isoliertes Üben hilfreicher, auch wenn es sich um eine Entscheidungsfrage handelt. Ein häufiges Beispiel aus dem süddeutschen Sprachgebiet ist die Verwechslung von /b/-/p/, /g/-/k/ und /d/-/t/. Zunächst kann es hilfreicher sein, nur nach einem Laut zu suchen und z. B. eine Liste mit B/b-Wörtern aufstellen zu lassen. An diesen Wörtern muss dann die Aussprache deutlich geübt werden. Die Schüler lernen also vom Schriftbild die korrekte Aussprache. Erst mit deutlichem zeitlichem Abstand sollte dann z. B. die P/p-Wörterliste erstellt werden. Eine isolierte Schwierigkeit gestattet den Kindern eine gezieltere Konzentration. So können die Kinder auch ein „Gefühl" für das Auftreten von b-Wörtern entwickeln. Erweitert kann der Lernprozess durch das Erkunden der Umgebung von <b> werden, das z. B. in der Kombination <sb/ schb> (*Geschbenst) nicht auftritt. Auf der Basis eines Unterscheidungsempfindens ist es sinnvoll, durch eine Hauchprobe (mit dem Spiegel oder einem Wattebausch) dieses zu festigen und letztlich zu automatisieren.

Hilfen bei Schwierigkeiten mit der orthografischen Verschriftung

Dieser Bereich wird pauschal in Übungen unterteilt, die ein strategiegeleitetes Verhalten unterstützen und in solche, die die Merkfähigkeit stärken. Ob ein Rechtschreibfall mit einer Nachdenkstrategie bewältigt werden kann oder gemerkt werden muss, ist nicht immer objektiv zu entscheiden, sondern hängt auch vom Lernniveau des Schülers ab. Ein typisches Beispiel hierfür ist die Mitlautverdopplung: Ist das Kind in der Lage, das sogenannte Silbengelenk (s. Kap. 3.3.2) zu erfassen, so sind gezielte Unterscheidungshilfen angebracht. Gelingt ihm dies (oder eine Vorstellung von Kurzvokal) nicht, so muss es zunächst über Merklisten gehen (s. Info-Klammer).

Unterstützung der Merkfähigkeit

Wörter suchen, die Buchstaben enthalten, die man weder spricht noch hört, und davon Listen anfertigen (Wörter mit h, <ai>, doppelter Selbstlaut, V im Wortstamm).

Den Grundwortschatz/die Wortschatzkartei immer wieder nach bestimmten Fällen durchsuchen und diese auf Listen sammeln lassen. Für gute Schüler bietet sich hier sicher die Erweiterung an, indem sie noch zusätzlich im Wörterbuch suchen. (Bei diesen Such- und Strukturierungsaufgaben werden auch immer wieder die Wörter, die nicht auf den Fall zutreffen, durch Ausschließung beachtet und strukturiert.)

Mit diesen Listen wird geübt:

- 10 Wörter daraus abschreiben, die Liste umschreiben (Wörter, die am Anfang waren, an den Schluss und umgekehrt, weil man sich die Wörter am Anfang besser merkt.)
- „2 Minuten" schreiben: Wie viele Wörter mit „stummen h" hast du dir gemerkt? Die Kinder lesen ihre Wörter vor, so hören sie auch andere Beispiele.
- Listen mit bildlichen Darstellungen erstellen. Besonders hilfreich hat sich hier die Arbeit mit Piktogrammen erwiesen (s. Kap. 3.5).
- Farbliche Hervorhebung der Besonderheit beim Schreiben, z. B. Wortwolken mit Wörtern mit „eh".

- Auch bei rechtschriftlichen Ausnahmefällen mit Wortfamilien arbeiten (s. Kap. 3.4.3), da die Gleichschreibung des Wortstammes auch hier gilt.
- Wichtig bei der Merkarbeit ist außerdem, dass in regelmäßigen, größeren Intervallen wiederholt wird. Dies kann mithilfe der Lernwörterkartei geschehen. Die Kartei wird nach einem Fall durchsucht, dabei werden viele Wörter gelesen, auch dies ist Wiederholung. Die entsprechenden Wörter werden dem Kind diktiert, die richtig geschriebenen Wörter werden sofort wieder einsortiert, denn es besteht ja kein Übungsbedarf. Nur bei Fehlern ist eine Wiederholung nötig.
- Auch mit der Klasse sind Wiederholungen sinnvoll. Diese benötigen nicht viel Zeit: Welche Wörter mit „y" kennt ihr noch? Nach einer kurzen Sammelphase werden sie drei, vier Tage lang jeden Morgen „zwei Minuten" aufgeschrieben. Die Kinder erleben hierbei immer wieder auch: Eigentlich sind es sehr wenige. Ich kann mir diese gut merken.
- Später sollen die Kinder keine Wörter mit „y", sondern mit „v" aufschreiben. Wenn die Klasse zusammen hilft, fallen uns da schon einige wieder ein.

Dieser Trainingscharakter ist nicht neu, sondern spätestens seit Ebbinghaus bekannt. Dass er oft nicht angewandt wird, liegt wahrscheinlich eher daran, dass er keinen Platz im Rhythmus des Schulvormittags findet. Eine gewisse Ritualisierung leistet hier gute Dienste. Dieser Trainingsplatz muss nicht immer vom Rechtschreiben belegt werden, eine Abwechslung mit Automatisierungen aus der Mathematik bietet sich an.

2.3.3 Übungen zur Unterstützung von Strategien

- Sortierungsübungen: Wörter mit gleichen Elementen heraussuchen lassen, z.B. Namenwörter, Wörter mit -ieren, Wörter mit ver-, u.v.a.m.
- Ordnen: Wörter nach den verschiedensten Kriterien immer wieder ordnen lassen.
- Mit farbigen Markierungen arbeiten: z.B. den Wortstamm farbig markieren, die Vor- und Nachsilben, bzw. Endungen nicht.
- Einen „Baukasten" mit den Kindern aufbauen. Nach Vorsilben, Nachsilben und Endungen ordnen (laminierte Teile). Die Kinder probieren durch konkretes Anlegen an den Wortstamm. Anschließend schreiben sie ihre Ergebnisse auch auf, z.B. kaufen: verkaufen, einkaufen, Verkäuferin, Käufer. (Dabei kann es hilfreich sein, den Stamm „kauf" farbig zu markieren. Dadurch wird auch die Umlautung noch einmal deutlich.)
- Immer wieder zu den Lernwörtern Wortfamilien suchen: Hat das Wort eine große/kleine Verwandtschaft? Die Ergebnisse der Schüler vergleichen. Hierbei zunächst vorwiegend Wörter anbieten, deren Stämme in verschiedenen Beugungsformen unverändert bleiben oder nur gering verändert werden. (Also nicht mit „nehmen, er nimmt" beginnen. Vorsicht auch beim Präteritum der starken Verben.)

- Sprachspiele nutzen, z. B. Spiele mit Komposita: „Drehwörter" (Schlosstür – Türschloss), möglichst lange Zusammensetzungen suchen und „neue" Wörter erfinden lassen.
- Lustige Sätze nach einem Muster erfinden. „Wenn Fliegen hinter Fliegen fliegen ..."

Bei den vorgestellten Übungsmöglichkeiten handelt es sich nur um eine Auswahl, die leicht durch Arbeitsmaterial der Schulbuchverlage ergänzt werden kann. Allerdings kann zu große Abwechslung einer Konzentration auf das Wesentliche auch abträglich sein, die Verpackung vom Inhalt ablenken. Dies gilt es zu bedenken.

2.4 Arbeitstechniken erwerben und anwenden

Denkt man an Arbeitstechniken, so ist das Stichwort „Unterrichtsprinzip" nicht weit. Einerseits ist damit gemeint, dass vereinzelte „Lehreinheiten" nicht zur Erreichung der hiermit verbundenen Lernziele führen, sondern nur das Praktizieren im Unterrichtsalltag. Andererseits geht hiermit oft eine Nichtbeachtung einher: Es ist so alltäglich, dass man schon gar nicht mehr daran denkt. Konkret im Unterrichtsalltag bedeutet dies: Richtiges Abschreiben oder genaues Überarbeiten werden von den Kindern erwartet, sorgfältig eingeführt und stetig wiederholt wird es selten.

Die Arbeitstechniken Abschreiben, Nachschlagen und rechtschriftliches Überarbeiten benötigen aber ihren festen Sitz in der Tätigkeit des Schreibens, ihre Verinnerlichung und Automatisierung beim Schreiben. Dies zu erreichen, braucht Zeit – und Aufmerksamkeit durch den Lehrer. Hier darf „Unterrichtsprinzip" eben nicht selbstverständliches Mitschwingen bedeuten, sondern vielmehr die immer wieder geforderte, auch angemahnte Handlung. Dabei ist das Vorbild des Lehrers wichtig:

- Er muss diese Handlungen so wichtig nehmen, dass er grundsätzlich die benötigte Zeit hierfür zur Verfügung stellt: Beim Abschreiben eines Hefteintrages im Sachunterricht, beim Überarbeiten mit Wörterbuch nach dem Schreiben eines freien Textes. „Jetzt noch schnell ..." ist hierfür kontraproduktiv.
- Das eigene Handeln den Kindern klar darstellen. Auf dem Pult steht ein Wörterbuch, in dem sieht auch der Lehrer nach, wenn ein Rechtschreibproblem auftaucht. Dabei werden offen Zweifel formuliert, manchmal auch solche, die man haben könnte. Damit wirkt der Lehrer konkret als Vorbild, indem er seine Überlegungen (Unter welchem Buchstaben könnte ich jetzt noch nachsehen?) auch inhaltlich formuliert.

2.4.1 Abschreiben

In der Fachliteratur wird das Abschreiben oft als langweilig und monoton gegeißelt, außerdem als ineffektiv für das Lernen. Allerdings ist es eine notwendige Arbeitsform, die im Unterricht häufig stattfindet, z. B. bei Hefteinträgen oder

Sammelaufgaben. Hierdurch erhält die Übungsform auch ihre Legitimation: Ein in gut lesbarer Handschrift, richtig geschriebener und übersichtlich gegliederter Hefteintrag erfüllt seine Funktion: Man kann ihn gut lesen und von ihm ggf. auch gut lernen.

Als Technik muss das Abschreiben regelrecht im Unterricht erarbeitet werden, da sonst die große Gefahr besteht, dass Schüler nicht abschreiben, sondern „abmalen", d.h. Buchstabe für Buchstabe abkopieren. Wenn man anschließend fragt, was geschrieben wurde, so können die Kinder den Inhalt kaum nennen. Man bemerkt dieses Verhalten, wenn ein Kind eine „Pickhaltung" einnimmt: Wie ein Vogel Körnchen für Körnchen aufpickt, so geht der Blick in kurzen Abständen immer wieder zur Vorlage und auf das Blatt zurück.
Die Einführung des Abschreibens erfolgt sehr explizit:

- Gezieltes Wahrnehmen: Das Wort (später ein kurzer Sinnschritt) wird gelesen, in Silben gesprochen und eine Rechtschreibbesonderheit explizit genannt (sofern sie vorhanden ist).
- Bewusstes Speichern: Die Augen werden geschlossen, das Wort in der Vorstellung geschrieben. Am Anfang schreiben die Kinder sehr langsam in der Luft mit geschlossenen Augen, sie vergleichen das Vorstellungsbild mit der Vorlage.
- Schreiben: Nun wird das Wort in einem Zug geschrieben. In der Einübungsphase drehen die Kinder hier die Vorlage um. Damit ist die oben beschriebene Pickhaltung nicht möglich.
- Kontrollieren: Das Wort wird mit der Vorlage verglichen; zur Kontrolle wird eine bestimmte Farbe eingeführt: Mit diesem Stift werden die Silbenbögen gesetzt und das Wort erhält am Ende einen Haken als Zeichen für die Kontrolle.

Die Einheiten, die sich der Einzelne beim Abschreiben vornimmt, müssen erprobt werden und vergrößern sich im Laufe der Zeit. Dieses sehr explizite Vorgehen dient der Einführung der Arbeitstechnik und wird als Übung bei der Wortschatzarbeit, besonders mit Merkwörtern, eine beschränkte Zeit beibehalten. Später wird dies durch ökonomischere Formen des Abschreibens ersetzt. Allerdings erweist es sich als hilfreich, wenn der erste Schritt auch bei längeren Hefteinträgen gemeinsam mit der gesamten Klasse durchgeführt wird: Vor jedem Hefteintrag die besonderen Aufpassstellen zusammen mit den Kindern zu markieren, reduziert die Fehlerzahl deutlich. Der letzte Schritt der Kontrolle muss ebenfalls vom Lehrer immer wieder gefordert werden: „Jeder kontrolliert seinen Hefteintrag mit dem grünen Stift und setzt sein Zeichen (entsprechend des Lehrerzeichens) darunter." So verinnerlichen die Schüler, dass von ihnen eine abschließende Kontrolle erwartet wird.

Kinder, die mit einem fibelorientierten Lehrgang lesen und schreiben gelernt haben, neigen stärker zur Pickhaltung, weil sie Buchstaben und Wörter oft eine Zeile lang geschrieben haben. Hier bietet sich das Anbringen einer Klarsichtfolie am Ende eines Abschreibheftes an: In diese Folie wird der Text eingesteckt. Damit man schreiben kann, muss der Ausgangstext verdeckt werden.
Kinder, die das Schreiben über Freies Schreiben mit Anlauttabelle gelernt haben, neigen stärker dazu, beim Abschreiben größere Sinnzusammenhänge in den Blick zu nehmen und diese sinngemäß wiederzugeben. Dabei variieren sie mitunter sogar den Wortlaut. Auf die Rechtschreibung achten sie dabei kaum. Ihre Aufmerksamkeit muss erst geweckt werden. Durch dieses unterschiedliche Verhalten zeigen die Kinder deutlich, was Schreiben für sie bedeutet, entweder Abmalen von Zeichen oder Codierung von Inhalten.

Die Einführungssequenz der Arbeitstechnik Abschreiben könnte folgendermaßen aussehen:

- Gemeinsames Erarbeiten der Abschreibtechnik mithilfe dieses oben dargestellten 4er-Schrittes.
- Übungen mit aufsteigendem Schwierigkeitsgrad:
  - Immer längere Wörter: Einzelne Wörter werden präsentiert, durch Zusammensetzung steigert sich hier der Umfang, besondere Betonung erfahren Wortbausteine und Silben.
  - Kleine Abschreibtexte in zwei Variationen: Die Texte werden auf der Vorderseite unmarkiert präsentiert, während auf der Rückseite eine Gliederung in Portionen angeboten ist und außerdem schwierige Stellen schon markiert sind. Die Schüler wählen selbst, ob sie die leichte oder schwere Variante bevorzugen. Zur Segmentierung eignen sich auch Kartontaschen, die durch ein Sichtfenster immer nur einen gewissen Ausschnitt freigeben.
  - Schleichdiktat: Hier wird die Merkphase besonders trainiert, während des Zurückgehens an den Platz. Außerdem sind die Kinder bestrebt, immer längere Passagen in den Blick zu nehmen.
- Zentral ist das ständige Anwenden in konkreten Situationen. Werden Defizite registriert, so bekommt das entsprechende Kind einige Übungen zum Abschreibtraining in den Wochenplan geschrieben.

2.4.2 Nachschlagen

Um im Wörterbuch erfolgreich nachzuschlagen, werden folgende Voraussetzungen benötigt:

- der begründete Zweifel,
- die Bereitschaft, sich der Mühe des Nachschlagens auszusetzen,
- die Technik des Wörterfindens und die des Nachschlagens.

Die Reihenfolge dieser Aufzählung mag zunächst verwundern, aber so verläuft der Nachschlageprozess: Zuerst muss ich zweifeln, anschließend greife ich zum Wörterbuch, bei der Auswahl des Paradigmas fließt Systemwissen mit ein, schließlich blättere ich nach. Der Lernprozess der Kinder verläuft anders.

Nachschlagen ist für die meisten Kinder in der Grundschule noch eine anspruchsvolle Technik. Beim selbstständigen Verfassen von Texten zweifelt man zunächst überhaupt nicht an der Schreibung, weil man auf die Texterstellung konzentriert ist. Verunsicherte oder besonders gewissenhafte Kinder zweifeln dagegen (zu) oft, was mitunter vom Text ablenkt. Überprüfen diese Kinder später ihre Schreibweisen, kann es leicht passieren, dass an übermäßig vielen Stellen gezweifelt wird. Andere Kinder sind dagegen grundsätzlich von der Richtigkeit ihrer Schreibweise überzeugt, obwohl sie allen Grund hätten, nachzusehen. Das Lernziel „sachlich begründeter Zweifel" reicht also weit in die Sekundarstufe hinein, denn es bedarf einer fundierten Selbsteinschätzung und des Blicks des Könners, zu entscheiden, ob Abweichungen vom System zu erwarten sind oder nicht. Überdies ist das Suchen nach dem Alphabet noch mühsam, es dauert, weil die Kinder noch langsam lesen und nicht selektiv genug: Sie lesen die Eintragungen ab einem gewissen Punkt zu Ende, sie überfliegen nicht nach alphabetischer Ordnung bis zum gesuchten Eintrag.

Die nachfolgenden Vorschläge orientieren sich an der Hierarchie des Lernens.

Nachschlagen einüben

Die Kenntnis des Alphabets ist Grundlage, sie lässt sich schon in der ersten Klasse durch die alphabetische Anordnung des Buchstabenzugs anbahnen (s. Kap. 3.1). Mithilfe von Liedern und Gedichten gelingt es den Kindern meist leicht, das Alphabet zu lernen. Damit ist es aber bei weitem noch nicht getan. Zur Beherrschung der Nachschlagetechnik gehören Orientierungsübungen im Alphabet. Die Kinder beginnen meist bei „A" mit dem Aufsagen. Suchen sie dann ein P oder T, so dauert es ziemlich lange, bis sie hier angekommen sind. So sind Übungen wie: „Anfang, Mitte oder Schluss?" anzuschließen. Hier geht es um die ungefähre Orientierung. In einem weiteren Schritt muss die Ordnung nach dem 2. und 3. Buchstaben geübt werden. „Sachen und suchen" stehen nicht nebeneinander, obwohl sie sich nur durch einen Buchstaben unterscheiden. Viele Kinder beginnen beim ersten Eintrag zum Buchstaben und lesen dann alles, bis sie das entsprechende Wort gefunden haben. Manche vergessen dabei, welches Wort sie überhaupt gesucht haben. In Schülerwörterbüchern oder Sprachbüchern finden sich meist viele motivierende Suchübungen, die bei der Einführung dienlich sind. Diese Übungen passen zum jeweiligen Buch, darum wird hier auf eine Empfehlung verzichtet.

Die Wortfindetechnik

Um Wörter im Wörterbuch zu finden, benötigen die Kinder vielfältiges Wissen. Dabei spielt die Bedeutung eine Rolle (Mohr/Moor), aber vor allem vielfältiges Wissen um Flexionen und Alternativen:

Die Grundform des gesuchten Wortes finden: Wer Bäume unter „Beu" sucht, wird dieses nicht finden. Andererseits: Wer bereits an „Baum" denkt, wird vermutlich richtig schreiben. Das Beispiel zeigt, wie sich Nachschlagen und Nachdenken gegenseitig bedingen. Wichtig ist der Bezug zur Grundform, besonders bei den Verben. Wer sich bei „nimmt" oder „nahm" vergewissern will, muss meist unter „nehmen" nachsehen. Einige Wörterbücher für die Grundschule bieten zwar solche Einzelnennungen an, sobald aber umfangreichere Wörterbücher verwendet werden, müssen es die Kinder können. Außerdem müssen Zusammensetzungen auseinandergenommen werden (Schutzhütte in: Hütte und Schutz oder schützen). Zuletzt müssen die Kinder lautliche Alternativen erwägen: Wenn ich „*Fater" nicht unter <F> finde, so kann ich noch unter <V>, in ganz seltenen Fällen unter <Ph> (Pharao) nachschauen. Dies trifft natürlich besonders auf Fremdwörter zu, sodass sich bei der Erarbeitung von Fremdwortschreibungen auch Übungen zum Finden im Wörterbuch anbieten.

Bereitschaft zum Nachschlagen

Die Bereitschaft entwickelt sich am wirkungsvollsten durch Lob und eine Reduktion der Aufgabe. Wenn die Aufgabe so leicht ist, dass die Kinder sie ohne Mühe bewältigen, so ist sie nicht negativ besetzt. Wenn sie überdies für ihr Tun gelobt werden, so findet eine positive emotionale Kopplung statt. Diese trägt auch dann noch, wenn der Suchvorgang mühsamer wird.

Diese Steigerung ist folgendermaßen zu erreichen: Schon nach einem halben Jahr in der 1. Klasse kann man eine „Nachschauliste" anbieten. Auf dieser befinden sich 10 bis 15 kurze, häufige Wörter (und, wir, die ...). Diese Wörter sollen in Zukunft richtig geschrieben werden und die Kinder werden angehalten, ihre Texte entsprechend zu kontrollieren. Dies wird natürlich am Beispiel eingeübt. Wenn man den ersten, der seine Liste hervorholt und nachsieht, besonders vor der gesamten Klasse herausstellt und lobt, finden sich schnell viele Nachahmer. Nach einiger Zeit fordern die Kinder ausführlichere Listen, die gemeinsam erstellt werden. So findet eine schrittweise Ausweitung zur Grundwortschatzliste statt, den Übergang zu begrenzten Wörterbüchern schaffen die meisten Kinder im Laufe der 2. Klasse.

Der begründete Zweifel

Um sachlich begründet zweifeln zu können, muss der Schreiber schon eine Menge wissen (s. o. „Bäume"). Gerade dies kennzeichnet ja schwache Rechtschreiber: Entweder sie schreiben ohne jegliches Bedenken falsch oder sie sind so verunsichert, dass sie bereitwillig jede Schreibweise revidieren, wenn der Lehrer nur die Augenbraue hochzieht. So wird der begründete Zweifel bei schwächeren Schülern auch seine Grenzen im Rahmen des Grundschulunterrichts erreichen. Andererseits lässt sich aber auch hier einiges üben und anbahnen:

Wichtig ist das gemeinsame Zweifeln und das Sprechen darüber. Dabei handelt es sich um das Prüfen von Alternativen und die Einübung von Rechtschreibstrategien. Einige Wörter werden an die Tafel geschrieben und gemeinsam wird überlegt, an welcher Stelle man überhaupt zweifeln kann, z. B. „laufen". Hier besteht nur die Möglichkeit, am <f> zu zweifeln, und auch diese Wahrscheinlichkeit ist überaus gering, weil in der Wortmitte sehr selten <v> auftritt. Bei „Spinne" gibt es dagegen wirklich Grund zum Zweifel.

Eine weitere „Einführung ins Zweifeln" stellt die Aufforderung dar, aus einem Beispieltext die drei Wörter, die zum Zweifel Anlass geben, herauszusuchen. Die Kinder finden hier sicher verschiedene Wörter. Anschließend müssen die Kinder ihre Vermutungen z. B. in der Gruppe begründen. Hier wird ein besonderer Lerneffekt vom Austausch der Kinder untereinander erwartet. In diesem Zusammenhang kann auch ein Helfersystem sinnvoll sein: Kinder, die schon sehr sicher sind, werden als „Wörterbuchexperten" in einem Überarbeitungsprozess anderen Kindern zur Seite gestellt. Manchmal entwickeln die Kinder durch das Zuschauen (und den Austausch unter den Kindern) ein intuitives Verständnis.

Insgesamt benötigt aber gerade dieser Bereich ein gerüttelt Maß an Differenzierung. Bei manchen Kindern wird durch das Zweifeln eher Unsicherheit geweckt. Dies ist mit Sicherheit immer dann der Fall, wenn die Frage den Verstehenshorizont übersteigt.

Wörterbücher für die Grundschule unterscheiden sich erheblich. Sichten Sie die Bücher, bevor Sie sich für den Kauf eines Buches entscheiden. Ist eine Unterteilung in eine kurze Wortliste und einen umfangreicheren Teil für Ihre Arbeit sinnvoll? Soll das Buch auch flektierte Wortformen als eigenes Stichwort enthalten, z. B. weil Sie einen großen Anteil mit ausländischen Kindern haben. Oder ist Ihnen ein umfangreicherer Wortschatz lieber, weil das häufige Nichtfinden frustriert? Vielleicht empfehlen Sie den Kindern auch verschiedene Wörterbücher? Grundsätzlich sollte ein Wörterbuch für die Grundschule Silben markieren, bei stark gebeugten Verben auch die Vergangenheitsform aufführen und zumindest bei entsprechender Häufigkeit einen Sinnzusammenhang herstellen. Wo immer sonst Sie Ihre Prioritäten setzen, zwei Dinge sind wichtig:

- Jedes Kind sollte ein Wörterbuch unter der Bank, also griffbereit haben.
- Im Klassenzimmer sollten unterschiedliche Wörterbücher zur Verfügung stehen. Spätestens ab der 3. Klasse auch Wörterbücher für Erwachsene. Die Kinder benötigen sehr unterschiedliche Wörter und sollen die Möglichkeit haben, selbstständig nachzuschauen.

2.4.3 Überarbeiten

Die Betonung des Überarbeitens erhält eine besondere Fundierung durch die Schreibprozessforschung. Überarbeitungsprozesse gehören zum Schreiben. Andererseits ist in den letzten Jahren auch deutlich geworden, dass in der Grundschule nicht jede Textüberarbeitung zu einer Verbesserung führt. Besonders die Tiefenstruktur eines Textes erfährt oft eine „Verschlimmbesserung". Rechtschriftliches Überarbeiten betrifft dagegen die Oberflächenstruktur eines Textes und ist von den meisten Kindern leistbar, wenngleich auf sehr unterschiedlichem Niveau. Um das Überarbeiten als Tätigkeit im Schreibprozess zu verankern, darf es die Kinder nicht überfordern. Zu Beginn des Schreibens sind die Kinder noch kaum in der Lage, zu überarbeiten. Einen Einstieg stellt das Überarbeiten mit zehn häufigen Wörtern dar (s. o.). Ziel des rechtschriftlichen Überarbeitens kann ohnehin nicht vollkommene Richtigkeit sein; vielmehr ist viel erreicht, wenn die Kinder das Überarbeiten als Tätigkeit internalisiert haben, die an das Schreiben automatisch anschließt.

Zur Gewöhnung tragen folgende Grundregeln bei:

- Jeder Text wird noch einmal mit der „Rechtschreibbrille" durchgelesen. Nach dem Abschreiben eines Hefteintrages ebenso wie nach dem Schreiben eines eigenen Textes.
- Gerade beim Verfassen von Texten ist dieses Verhalten für den Lernprozess funktional. Zunächst ist die Aufmerksamkeit auf den Inhalt gerichtet, nach dem Schreiben auf die Rechtschreibung.
- Das Überarbeiten lässt sich leicht differenzieren: Da es ohnehin ein individueller Prozess ist, kann auch jedes Kind mit einer individuellen Aufgabe an das Überarbeiten herangehen. Eine Konzentration auf eine Aufgabe ist ohnehin geboten, verschiedene Schwerpunkte würden die meisten Kinder überfordern. Während ein schwächeres Kind nur ein oder zwei Sätze in Hinblick auf die Vollständigkeit der Verschriftung kontrolliert („Alle Buchstaben, die ich hören kann"), nimmt sich ein sehr leistungsstarkes Kind den gesamten Text vor, markiert alle Wörter, an deren Schreibweise es gezweifelt hat und belegt diese durch die entsprechende Seite im Wörterbuch.

Auch wenn eine Anbahnung schon früh erfolgt, wird der Schwerpunkt in den letzten Jahren der Grundschulzeit liegen. Als Zeichen verwenden die Kinder eine eigene Farbe. Das, was überprüft wurde, wird mit einem Haken gekennzeichnet. Folgende Aufgaben sind nach wachsendem Schwierigkeitsgrad geordnet:

- Nur wenige Wörter werden überprüft. Hier kann mit gemeinsamen oder individuellen Listen von häufigen Wörtern gearbeitet werden.
- Die lautliche Vollständigkeit wird überprüft: Hierzu müssen die Kinder in Silben mitsprechen und mit dem Stift im Tempo des langsamen und überdeutlichen Sprechens Silbenbögen setzen. Dies erfolgt mit der Korrekturfarbe. Mit dieser Strategie können Falschschreibungen wie Buchstabenauslassungen und -verdrehungen sowie Oberzeichenfehler gefunden werden.
- Schwieriger ist das Überarbeiten mithilfe von Rechtschreibstrategien. Ein solches Überarbeiten ist immer im Zusammenhang mit der Arbeit an dieser Strategie einzuüben, d. h. die Kinder erhalten fehlerhafte Texte, in denen nur dieser eine Fehler vorkommt, z. B. ist alles klein geschrieben. Nun wird mit einer bekannten Nomenprobe die Großschreibung eingesetzt.

Hilfreich ist der Vorschlag von B. Lessmann (vgl. 2000, S. 22): Beim Kontrollieren mit einer spezifischen Strategie hilft es oft, den Text von hinten durchzugehen, sodass sich die Kinder nicht auf den Inhalt konzentrieren. Sorgfältiges Kontrollieren gelingt außerdem bei einer gut gegliederten Schrift leichter. Dies ist Kindern am Beispiel auch einsichtig zu vermitteln. Als äußeres Hilfsmittel ist es beim Verfassen eigener Texte sinnvoll, wenn beim Schreiben ein großer Abstand zwischen den Zeilen eingehalten wird, bzw. eine Zeile ausgelassen wird.

Sehr nützlich und erfolgreich ist das Überarbeiten nach folgendem Muster in Gruppen: Die Kinder erhalten einen Satz und der Lehrer „wettet", dass sie es nicht schaffen, diesen so zu überarbeiten, dass kein Fehler mehr enthalten ist. Zuerst liest jedes Kind für sich und streicht die (vermeintlichen) Fehler an. Anschließend tüfteln die Kinder gemeinsam und tauschen ihre Hypothesen aus. Ganz automatisch begründen die Kinder ihre Hypothesen. In Zweifelsfällen müssen sie im Wörterbuch nachschlagen. Zunächst aktivieren die Kinder ihre eigenen Hypothesen, durch das gemeinsame Argumentieren lernen die Kinder voneinander. Diese Aufgabe kann auch als ritualisiertes Übungsspiel eingesetzt werden.[5]

2.5 Rechtschreibleistung überprüfen

Bevor sich der Lehrer Gedanken über die Leistungsbewertung macht, sollte man sich immer bewusst werden, dass die Kinder ständig vielfältige Leistungen erbringen. Fördernder Rechtschreibunterricht versteht sich als Unterstützung der Kinder. Zentral hierfür ist es, den Lernstand zu diagnostizieren und entsprechende Hilfsangebote zu machen (s. Analyseraster in den Fachkapiteln). Erst nach einer Lernphase darf eine pädagogisch verantwortete Leistung bewertet werden. Einem solchen Anspruch genügte die langjährige Beliebtheit des Diktatunterrichts nicht. Schwächere Schüler wurden hier trotz ihres Einsatzes systematisch überfordert. Im folgenden Kapitel werden unterschiedliche Aufgabenstellungen inhaltlich geordnet vorgestellt und in einem letzten Schritt ein Vorschlag zur Benotung unterbreitet, der Anstrengungsbereitschaft mitberücksichtigt.

2.5.1 Leistungserhebung

Rechtschriftliche Kompetenz ist ein sehr umfassender und stabiler Könnensbestand. In meinem Vorschlag gehe ich von einer Mischung aus Kriterien orientierter und individueller Leistungserhebung aus, d.h. es sollte einerseits die Beherrschung des erarbeiteten Lernstoffs überprüft werden, andererseits aber auch der individuelle Lernfortschritt Beachtung finden, der im Zusammenhang mit der Anstrengungsbereitschaft steht. Den Gesamtkomplex Rechtschreibkompetenz gliedere ich in drei Bereiche, die jeweils nach aufsteigendem Schwierigkeitsgrad geordnet sind:

5 Die Idee verdanke ich meiner geschätzten Kollegin Birgitta Baumann-Strobel.

- Überprüfung des aktuellen Lernstoffes,
- Überprüfung der Arbeitstechniken,
- Sitz der Rechtschreibung in der Realität des Schreibens.

Überprüfung des aktuellen Lernstoffes

Hier können nur einige Beispiele für Kontrollaufgaben aufgezeigt werden, die als Anregung für weitere Möglichkeiten dienen. Vorauszusetzen ist bei all diesen Aufgaben, dass die Kinder die jeweils dargestellte Arbeitsform aus dem Unterricht kennen, beim ersten Beispiel kennen die Kinder also das Schreiben zu Bildern in dieser Form.

- Wörter werden bildlich dargestellt: Zu diesen Bildern können Wörter gefunden, aber auch kleine Sätze geschrieben werden.
- Reimen: Die Kinder erhalten die Aufgabe, zwei oder drei Reimwörter zu einem Beispielwort zu finden. (Reimen eignet sich allerdings nicht für alle Bereiche!)
- Einordnen von Wörtern in Tabellen nach Silbenanzahl oder nach offener und geschlossener Silbe.
- Aufgaben, die eine erarbeitete Strategie ins Zentrum rücken, z. B.: Schreibe zu folgenden Wörtern die Wortform, die dir bei der Schreibung hilft. Markiere die Stelle! (H**äu**ser: ***Haus***, höheres Niveau „Verkäufer")
- Außerdem bieten sich Suchaufgaben an, z. B. sollen aus einem Pulk von Wörtern Beispiele für einen bestimmten Rechtschreibfall herausgesucht werden.
- Einsetzaufgaben: Entscheidungsaufgaben (i oder ie? D oder t? usw.) sind immer dann zu stellen, wenn durch eine Operation eine begründete Entscheidung zu treffen ist. Sind die Wörter schon alle in der zweisilbigen Form gegeben, ist die Aufgabe einfacher. (Hier dürfen keine Wörter wie „Tiger" angeboten werden.) Anspruchsvoller wird sie durch einen kombinierten Auftrag: „Bilde von allen Wörtern die zweisilbige Wortform und entscheide dann, ob das ‚i/ie' geschrieben werden muss."
- Aufgaben zur Wortfamilie: Hier bieten sich Beispiele mit einer weiteren Wortfamilie an: „Suche Wörter zur Wortfamilie ‚stellen'."
- Aufgaben können auch zur Gliederung in Wortbausteine gestellt werden, also in Vorsilbe, Wortstamm und Endung. Wieder ist eine Einordnung in eine Tabelle am übersichtlichsten.
- Großschreibung: Wörter unterschiedlicher Wortart werden in Großbuchstaben angegeben, die Kinder sortieren in eine Tabelle nach der Wortart oder suchen nur die Nomen heraus. Deren Schreibung müssen sie mit Artikel und Mehrzahlbildung begründen. Ein Bandwurmsatz wird in Großbuchstaben vorgegeben und muss korrekt aufgeschrieben werden.

Zu all diesen Bereichen können Ergänzungsaufgaben gestellt werden: „Ergänze die Liste durch weitere Wörter, die dieser Regel gehorchen." „Findest du selbst weitere Beispiele?". Diese Aufgabe eignet sich vor allem zur Differenzierung nach oben, also für die besonders leistungsstarken Schüler.

Am Ende einer Probe sollte regelmäßig eine Wiederholungsaufgabe aus dem Lernstoff einer vergangenen Unterrichtsphase angefügt werden. Dies sollten die Kinder auch wissen. Das fördert regelmäßiges Wiederholen.

Ein sehr ergiebiges und weites Feld ist das Finden von Fehlern. Dies ist genuiner Kern der Arbeitstechnik „Überarbeiten" (s. u.).

- In jedem Wort ist ein Fehler. Finde ihn und schreibe das Wort richtig: finten, schpringen, laufn, shön, lusdig
- In vier Wörtern ist ein Fehler versteckt, verbessere und schreibe richtig: Winta, Freund, Reuber, Helt, Schturm, Sonne
- Streiche den falschen Buchstaben weg: Es ist (S/s)chönes We (t/tt)er. Heute (W/w)ill ich mit meinen (F/f)reunden im (G/g)arten sp(i/ie)len.
- Verbessere das Fehlerwort: „Im Gaten summt die Bine."
- Ein sehr hohes Niveau ist die Aufgabe „Finde die Fehler": „an den apfelbeumen reifn die fruchte."

Der Weg vom Leichten zum Schweren: Werden nur geübte Wörter angeboten, die einen Fehler enthalten, so fällt die Überarbeitung nach einer festen Regel den Kindern im Allgemeinen relativ leicht. Ist die Fehlerverteilung in den Wörtern unsystematisch, so steigt der Schwierigkeitsgrad: *Schaufl, *Lant, *dum, *hund ...

Eine weitere Steigerung ist es, Texte zu verbessern. Aber auch hier gibt es natürlich Aufgaben mit unterschiedlichem Schwierigkeitsgrad. Ist ein Text generell klein geschrieben und die Aufgabe lautet: „Schreibe am Satzanfang groß und verbessere alle Nomen", so bewältigen dies die Kinder leichter, als bei der Aufgabe: „Im Text sind zehn Fehler. Verbessere!", die auf unterschiedliche Problembereiche verteilt sind. Eine solch komplexe Aufgabe sollte wirklich nur zur Differenzierung im oberen Bereich eingesetzt werden.

Überprüfung der Arbeitstechniken

Hat eine Technik, z. B. das Abschreiben, gerade im Zentrum des Unterrichts gestanden, so können Aufgaben hierzu verstärkt gestellt werden. Aber auch ohne Schwerpunkt können Aufgaben zur Arbeitstechnik in eine Probe eingefügt werden.

Abschreibübungen lassen sich steigern: Die Vorlage besteht aus geübten Wörtern, aus ungeübten Wörtern, aus Zusammensetzungen, aus Wortungetümen (Kaufhausuhrenfachverkäufer). Die Kinder sollen ggf. sowohl eine Gliederung des Wortes vornehmen, als auch besondere Stellen farblich kennzeichnen: Kauf-haus-uhren-fach-verkäufer. Die Aufgabe, Stellen zu markieren, ist durchaus anspruchsvoll und sagt viel über das implizite Strategiewissen der Kinder aus. Eine ähnliche Steigerung lässt sich auf der Satzebene vornehmen. Neben dem Umfang ergibt sich natürlich auch eine Steigerung durch die Schwierigkeit des Wortmaterials, außerdem der Form: Je kleiner und enger die Zeilenführung, desto schwerer.

Aufgaben zum Überarbeiten (s. S. 45) lassen sich mit Abschreibaufgaben gut kombinieren. Zunächst sollen die Kinder Fehler in einem Text finden und ihn anschließend abschreiben.

Überarbeitungsaufgaben eignen sich ebenfalls zur Kombination mit Aufgaben des Nachschlagens. Wenn es unser Ziel ist, die Kinder zum Nachschlagen im Wörterbuch zu erziehen, so sollten wir ihnen diese Möglichkeit auch bei Lernzielkontrollen geben. Allerdings können hierbei zwei unerwünschte Nebeneffekte auftreten:

- Kinder schauen bei allen Aufgaben nach. Dies dauert viel zu lange und die Kinder werden nicht fertig. Dies hat eine geringe Punktzahl zur Folge.
- Kinder versuchen zu „schummeln", indem sie bei anderen Aufgaben ebenfalls nachschauen.

Diesen Problemen ist aber mit einfachen Mitteln zu begegnen:

- Trennung bei Proben: Die eine Probe enthält nur Aufgaben, bei denen das Wörterbuch erwünscht ist, die andere nur solche, wo es nicht benötigt wird. In der Regel ist aber eine Kombination möglich.
- Die Probe wird auf zwei Blätter verteilt. Das erste Blatt wird abgegeben, bei der Bearbeitung des zweiten Blattes ist das Wörterbuch erst nötig und erlaubt.

Wenn mit dem Wörterbuch kontrolliert wird, so verwenden die Kinder hierfür eine eigene Farbe. Diese Technik ist aus dem Unterricht bekannt und wird auch in der Lernzielkontrolle angewendet: „Kontrolliere mit grün!"

Aufgaben zum Nachschlagen sollten immer in solche getrennt sein, die das Nachschlagen als Technik (sich zurechtfinden im Wörterbuch) abprüfen und solchen, die es nötig machen, erst das richtige Stichwort zu finden. Also werden so einfache Aufgaben gestellt, wie: „Schlage die folgenden Wörter im Wörterbuch nach und gib die Seitenzahl an: Hase = S.___ , Wald = S.___" usw.; „Ordne folgende Wörter nach dem Alphabet!", u. Ä.

Schwieriger sind Aufgaben, die den Rückgriff auf ein Grundwort benötigen. „Unter welchem Wort musst du nachschauen, wenn du wissen willst, wie man ‚er kam' schreibt?" So können z. B. verschiedene flektierte Wortformen vorgegeben werden. Die Aufgabe der Kinder ist es, diejenigen herauszusuchen, die beim Suchen im Wörterbuch erst auf die Grundform zurückgeführt werden müssen. (So muss „er fuhr" zurückgeführt werden, während „er baute" dies nicht muss, da die alphabetische Ordnung das Auffinden erleichtert.)

Außerdem bietet sich hier auch eine Kombination mit Bildern an. In einen Text sind Bilder eingefügt, diese Wörter müssen nachgeschaut werden, ein Beispiel zum Themenbereich Umlautung in folgender Klammer.

Beispiel Text-Bild-Kombination

In der Nacht fliegt die kleine  durch die . Sie jagt .

Der Wind rauscht in den , aber sie hört jedes Geräusch,

auch wenn die  schnell hinter  huscht.

Als Zusatzaufgabe für die leistungsstärkeren Schüler kann gestellt werden: „Kannst du den Umlaut in ‚Geräusch' erklären?"

In Schülerwörterbüchern sind meist sehr abwechslungsreiche und vielfältige Übungsmöglichkeiten enthalten, die sich ebenso zur Kontrolle eignen.

Der Sitz der Rechtschreibung in der Realität des Schreibens

Inwieweit das Rechtschreiben beim Verfassen von Texten beachtet und vor allem bewertet wird, wird im Unterrichtsalltag sehr unterschiedlich gehandhabt. Als Leitidee sollte folgende Frage gelten: Kann meine Benotungspraxis dazu führen, dass Schüler aus Angst vor Rechtschreibfehlern, die sie ja unweigerlich produzieren, weniger schreiben oder einfacher formulieren? Dies wäre mit Sicherheit der Fall, wenn in selbst verfassten Texten einfach Fehler gezählt würden. Denn je umfangreicher der Text und je differenzierter die Wortwahl, desto höher ist die Fehlerneigung.

Dennoch sollte die Rechtschreibung an das alltägliche Schreiben angebunden werden. Im alten Diktatunterricht schrieben viele Kinder im Diktat durchaus passabel bis fehlerfrei, bei eigenen Texten war dann plötzlich alles vergessen. Es sollte also eine Anbindung von Rechtschreiben an das Verfassen eigener Texte erfolgen. Zunächst geschieht dies, indem rechtschriftliches Überarbeiten immer wieder angeregt und gefordert wird. In größeren Abständen kann es auch bewertet werden. Dabei sollte das Überarbeiten aber positiv besetzt sein, d. h. die Fehler sind das Normale und werden nicht sanktioniert. Durch die Beseitigung der Fehler kann ich meine Note verbessern. Im Rahmen des Grundschulunterrichts wird es die Ausnahme sein, dass ein Schüler in der Lage ist, seine eigenen Texte generell, pauschal und fehlerfrei zu überarbeiten. Es kann aber mit jedem Kind ein individueller Überarbeitungsschwerpunkt vereinbart werden, z. B.:

- Ich überprüfe, ob ich alle Buchstaben geschrieben habe.
- Ich kontrolliere die Großschreibung.
- Ich überprüfe den Text mithilfe einer Strategie, z. B. dem Verlängern der Wörter.

- Ich kennzeichne die Wörter, bei denen ich gezweifelt habe und schaue sie im Wörterbuch nach.

Selbstverständlich kann ein solcher Überarbeitungsschwerpunkt nur vereinbart werden, wenn das Kind die entsprechende Technik auch beherrscht. Um Überarbeitungsstrategien auf eigene Texte anzuwenden, bedarf es eines langen Atems. Folgende Grundsätze erweisen sich als hilfreich:

- Die Überarbeitung wird mit einer eigenen Farbe gekennzeichnet. Unten steht das Kind mit seinem Kürzel (wie der Lehrer) dafür ein. Zunächst wird das Überarbeiten durch den Schüler an sich gelobt, erst wenn Überarbeiten durch Lob positiv besetzt ist, wird das Ergebnis kommentiert und noch viel später auch bewertet. Auf der Überarbeitung muss der Lehrer immer wieder bestehen. Hier ist eine gewisse Konsequenz gefragt.
- Die Handhabung durch das Kind muss immer wieder überprüft werden, um Missverständnissen auf die Spur zu kommen. Hier lässt sich aber oft ein Helfersystem in der Klasse installieren: Spezialist für die Großschreibung, Spezialist für ...
- Der individuelle Schwerpunkt muss längere Zeit aufrechterhalten bleiben.
- Für die allerschwächsten Schüler der Klasse bietet sich die Regelung an: Immer wenn ich einen Text geschrieben habe, überarbeite ich ihn mit einem anderen Kind zusammen. Wir zeichnen gemeinsam ab.

Eine Einbettung des Rechtschreibens in den Alltag des Schreibens erfolgt nicht nur bei selbst verfassten Texten, sondern vielmehr wenn das Schreiben in allen Fächern beachtet wird. So sollte sich der Erfolg eines Abschreibtrainings durchaus in allen Heften abbilden. Das Gleiche gilt für eine gut leserliche Handschrift und die Bereitschaft, rechtschriftlich zu überarbeiten.

2.5.2 Von der Bewertung zur Notenfindung

Am Anfang des Schuljahres ist zu überlegen, welchen Anteil die Rechtschreibung an der Deutschnote haben soll, anschließend kann ihre Zusammensetzung festgelegt werden. Pro Halbjahr schlage ich zwei benotete Proben vor, dazu eine individuelle Note zur Überarbeitung. Diese letzte ist individuell, weil sich jeder Schüler seinen Überarbeitungsschwerpunkt selbst oder in Absprache mit der Lehrkraft gewählt hat.

Ein letzter, mir aber besonders wichtiger, Bereich der Benotung ist die individuelle Besserungsnote. Sie soll speziell schwächeren Schülern helfen. Mit diesen wird ein Übungsschwerpunkt mit einem festen Ziel vereinbart, z. B.: „Ich habe beim Abschreiben Probleme. In der Freien Arbeit mache ich die nächsten zwei Wochen Abschreibtraining." Bei den Hefteinträgen wollen wir überprüfen, ob sich die Fehler in den nächsten sechs Wochen um die Hälfte reduziert haben. Gemeinsam werden die Hefte (stichprobenartig) durchgesehen. Ist die Vorgabe im Groben erreicht, so erhält der Schüler eine 1, bei deutlichem Bemühen und einigem Erfolg eine 2. Ist die Vorgabe nicht erreicht, so erhält der Schüler keine Note. Er hat zwar eine Chance zur Verbesserung nicht genutzt, wird dafür aber nicht bestraft. Auf diese Weise erhält man eine Rechtschreibnote aus drei bis vier Teilnoten; dies dürfte für den Rechtschreibanteil an der Benotung mehr als ausreichend sein.

Prozessbezogen kann auch bewertet werden, in welcher Weise Kinder ihre Fähigkeit und Bereitschaft zur rechtschriftlichen Argumentation entwickeln. Wenn immer wieder gute Aufgaben gestellt werden, die Kinder zu Begründungen herausfordern, so kann diese Entwicklung in einem Lerngespräch mit dem Kind sichtbar gemacht und die Steigerung durch eine Note gewürdigt werden.

3 Die konkreten Themenbereiche

Dieses praktische Kapitel orientiert sich zunächst am Lernfortschritt der Schüler: In Kapitel 3.1 werden die Grundlagen dargestellt, die schon in der ersten Phase des Schriftspracherwerbs gelegt werden können. Diese fußen auf den Kernprinzipien der Orthografie, den basalen Beziehungen zwischen Laut und Buchstabe, bzw. Silbe.

Anschließend wird von den Grundlagen der Schreibung bei lauttreuen Wörtern ausgegangen und zu immer differenzierteren Lernbereichen fortgeschritten. Dabei folge ich, soweit dies sinnvoll erscheint, zur leichteren Orientierung dieser Gliederung:

- Überblick über die Sachlage,
- verschiedene Wege als Lernangebot,
- Lernwege und -probleme,
- geeignete Übungen,
- Analyseraster für Verständnisschwierigkeiten bei Schülern.

Eine kurze Sachanalyse soll zunächst helfen, das, was regelhaft an unserer Sprache ist, ins Bewusstsein zu rücken. Vom Zentrum wird der Randbereich abgesetzt, den es auch gibt und der bei der Auswahl von Beispielen beachtet werden sollte.

Anschließend wird ein kurzer Überblick über die einzelnen Lehrwege zur schnellen Orientierung gegeben, die im folgenden Teil genauer dargestellt werden. Vor- und Nachteile unterschiedlicher Vermittlungswege liegen hauptsächlich auf zwei Ebenen:

- Eine Erklärung ist zwar leicht verständlich und bereitet den Kindern wenig Probleme. Sie beschreibt die Sache aber nur unzulänglich oder ausschnitthaft. Die Kinder verstehen z. B. leicht, dass Menschen Namen haben, die man groß schreibt. Eigennamen stellen aber nur einen geringen Teil der Wörter dar, die groß zu schreiben sind.
- Die Erklärung ist zwar sachangemessen, wird oft aber unglücklich formuliert. Darüber hinaus enthält sie z.T. komplexe Implikationen, sodass die Kinder Gemeintes und Gesagtes nicht in Einklang bringen können. Ein Beispiel wäre: „Alle Wörter, vor denen ein Artikel steht, schreibt man groß." Dann schreiben Kinder: „der Große baum". Aber auch bei der besseren Formulierung „alle Wörter, zu denen ein Artikel gehört" führt bei einigen Kindern zu ungewollten Substantivierungen (das Laufen). Darum muss hier auf Zusammenhänge im Satz eingegangen werden.

Die Darstellung von unterschiedlichen Erklärungsmodellen hat noch einen weiteren Grund, nämlich die individuelle Rezeption durch die Kinder. Was dem einen Kind plausibel erscheint und ihm einen gangbaren Lernweg eröffnet, verwirrt das andere Kind. Wenn Sie bemerken, dass ein Schüler mit einem bestimmten Lernbereich besondere Schwierigkeiten hat, so können Sie das Kapitel von „hinten nach vorn" lesen und im letzten Kapitel mögliche Hypothesen des

Kindes prüfen. Sie können nachschauen, ob möglicherweise ein spezifischer Irrtum des Schülers mit einem in der Klasse gängigen Erklärungsmuster vorliegt. Erst wenn der Irrtum gefunden ist, kann er geklärt werden. Hierfür ist das Analyseraster gedacht.

Während Kapitel 3.2 grundlegend ist, sind die Themenbereiche 3.3 bis 3.6 nicht so zu verstehen, dass im Unterricht ein Thema nach dem anderen „durchgenommen" wird und von einer solchen Praxis erfolgreiches Rechtschreiblernen erwartet werden könnte. Einerseits wird sich der Lehrer an den Problemen seiner Schüler orientieren. Andererseits ist es notwendig, die verschiedenen Themen wiederholt in den Mittelpunkt der Betrachtung zu stellen. Dem immer differenzierteren Verständnis der Schüler können auch die Erklärungsmuster angepasst werden.

Vom Leichten zum Schweren und zurück!

Der Aufbau eines Rechtschreibunterrichts, der in das Verfassen von Texten eingebettet ist, kann nicht ausschließlich lehrgangsmäßig orientiert sein. Dennoch erscheint es sinnvoll, den Kindern Ordnungen anzubieten, die die immanenten Ordnungen der Orthografie sichtbar machen. Hierfür ist ein gewisser Aufbau notwendig, beispielsweise kann die Mitlautverdopplung über die Silbe nur angeboten werden, wenn die Unterscheidung zwischen offener und geschlossener Silbe grundgelegt ist. Die Sachlogik kann aber nicht der alleinige Maßstab sein. Was für den Großteil der Kinder der passende nächste Lernschritt sein mag, überfordert immer wieder einige Schüler. Ihre Grundstrategien sind noch nicht so stabil, dass sie komplexere Zusammenhänge erfassen könnten. Aber auch bei denen, die unseren Lehrangeboten scheinbar folgen, bestehen oft Missverständnisse kleinerer und größerer Art. Deshalb erscheint es immer wieder wichtig, z. B. die grundlegenden Zusammenhänge der Vokalqualität zum Thema und damit erfahrbar zu machen. Dies kann an neuem Wortmaterial geschehen, die Wiederholung von bekannten Wörtern kann ebenfalls sinnvoll sein. Für die schwächeren Schüler besteht hierdurch die Möglichkeit, ins Boot zu springen, grundlegende Einsichten zu gewinnen und so überhaupt erst die Chance zu erhalten, aufbauende Erklärungen zu verstehen. Die übrigen Schüler haben die Möglichkeit, die bereits gewonnenen Erkenntnisse auszudifferenzieren, u. U. zu revidieren und zu erweitern. Deshalb der deutliche Appell, gleiche und ähnliche Zusammenhänge mit zeitlichem Abstand immer wieder zu thematisieren.

3.1 Schreiben lernen: Richtig schreiben vorbereiten

Das Ziel dieses Kapitels ist nicht die Darstellung einer detaillierten Didaktik des Schriftspracherwerbs. Dies würde den hier gesetzten Rahmen sprengen. Vielmehr soll gezeigt werden, wie durch die Modellierung des Ausgangsmaterials, der Laute und Buchstaben, ein Verständnis des Systems Orthografie grundgelegt werden kann. Dabei sollen Zentrum und Peripherie des Systems unterschieden und das Wichtige plakativ in den Mittelpunkt gestellt werden. Dazu gehören:

- Unterscheidung von Vokal und Konsonant von Anfang an.
- Die Arbeit mit Silben.

Die hier vorgestellten Grundlagen lassen sich in unterschiedliche Möglichkeiten des Erstunterrichts integrieren. Unabhängig davon, ob mit oder ohne Fibel gearbeitet wird, beziehen sie sich aber auf einen Unterricht, der den Kindern von Anfang an die Möglichkeit eröffnet, probierend und konstruierend mit Buchstaben umzugehen und sich ihren Intentionen gemäß schriftlich zu äußern.

Zum Verhältnis Buchstaben und Laute (Phonologisches Prinzip)

Dass Laute und Buchstaben nicht immer in einem einfachen Zuordnungsverhältnis stehen, ist in älteren Didaktiken oft betont worden. Für den Erstunterricht sind aber nicht alle Hürden und Klippen von Bedeutung, da sie mehr verwirren als helfen. Allerdings muss auch vor unzulänglichen Vereinfachungen gewarnt werden. Um hier ein sach- und lernangemessenes Verhältnis von Einfachheit und Komplexität zu erreichen, schlage ich folgendes Vorgehen vor:

An einer Leiste werden alle Buchstaben und Buchstabenverbindungen (z. B. auch <st> u. Ä.) in Verbindung mit einem Anlautbild aufgehängt, und zwar wird dabei zwischen Vokalen und Konsonanten farblich unterschieden, beispielsweise sind die Konsonanten grau, die Vokale leuchtend hervorgehoben. Ganz am Anfang erfolgt dies ohne Begründung, die Kinder nehmen es einfach hin. Ziemlich bald werden aber Unterschiede entdeckt: „Bei den gelben Buchstaben klingen immer zwei Laute!" (Kurz- und Langvokal unterscheiden sich lautlich, s. u.) Es fällt auch auf: „Gelbe Buchstaben vergisst man beim Schreiben leichter." Diese Erkenntnisse sind grundlegend (s. u.).

Die Buchstabenleiste ist alphabetisch geordnet. Dies erleichtert später die Orientierung im Alphabet. Zu Schuljahresbeginn sind nicht alle Buchstaben aufgedeckt, so sind z. B. <c>, <qu> und andere am Anfang nicht sichtbar. Dieses teilweise Verdecken hat zwei Gründe:

- Die Reduzierung erlaubt eine leichtere Orientierung, die am Anfang benötigten Buchstaben werden leichter gefunden. So findet eine Konzentration auf das Häufige und Einfache statt. Da die Kinder ja von ihrer Lautsprache ausgehen, steht am Anfang für den Laut /f/ einfach <f>, das <v> ist noch nicht nötig. Es stellt eine Sonderschreibung dar, die erst später an Bedeutung gewinnt.
- Das Vorhandensein der verdeckten Buchstaben signalisiert den Kindern: Es gibt noch mehr zu entdecken. Später lernen wir noch anderes. Eine Grundlage des Rechtschreibunterrichts wird so verdeutlicht: Zunächst das Wichtige, später das Seltene oder die Ausnahme.

Folgende Buchstaben, bzw. Buchstabenkombinationen sind vorhanden, die erst später aufzudeckenden sind kursiv gedruckt: A, *Ä*, *Au*, *äu*, B, *C*, *-ch*, D, E, *Ei*, *Eu*, F, G, H, I, *-ie*, *J*, K, L, M, N, *-ng*, O, *Ö*, P, *Qu*, R, S, Sch, *St*, *Sp*, *-ß*, T, U, Ü, *V*, *W*, *X*, *Y*, Z. (Ai wird so spät eingeführt, dass es nicht mehr an der Wand hängen muss.)

Die Diphthonge (Zwielaute) (Au, Ei, Eu) und -ch werden sehr bald aufgedeckt. Zentral ist die farbliche Unterscheidung von Konsonanten und Vokalen. Sie ist sehr hilfreich, weil die Kinder diese Farben den Buchstaben zuordnen, also die Vorstellung von zwei unterschiedlichen Buchstabenklassen grundgelegt wird. Es gibt „normale" und „besondere" Buchstaben. Auch wenn die Kinder die Buchstaben nicht sofort im Fachterminus benennen, so wissen sie doch, was Vokale und Konsonanten sind. Zunächst helfen Hilfsbegriffe (Leuchtbuchstabe, Sonnenbuchstabe, Kapitän, farbliche Beschreibung ...), die bald durch Fachbegriffe ersetzt werden können.

Im Folgenden werde ich zuerst den Unterschied zwischen Vokal und Konsonant auf lautlicher Ebene erläutern, da hiermit die sogenannte Skelettschreibung der Schreibanfänger erklärt werden kann. Anschließend wird die Bedeutung von Vokalen für die Wortschreibung im Zusammenhang mit der Silbe erörtert. Diese Ausführungen beziehen sich immer auf die Hauptwortarten Nomen, Verb und Adjektiv.[6]

Zur Artikulation: Konsonanten und Vokale fühlen sich unterschiedlich an

Wenn man an Vokale und Konsonanten denkt, so denken wir oft vorschnell an Buchstaben, nicht an Laute. Die deutschen Bezeichnungen „Selbstlaut" und „Mitlaut" scheinen zwar mit dem Wortstamm „Laut" auf die gesprochene Sprache zu verweisen. In Wirklichkeit beziehen sie sich aber auf die Namen der Buchstaben im Alphabet; „A" ist ein Selbstlaut, weil er alleine steht, „Be, Ce, De" sind Mitlaute, weil bei der Aufzählung im ABC eben das „e" mitklingt. Diese Bezeichnung führt bei Kindern oft zu Missverständnissen. Gerade am Anfang des Lernprozesses achtet man darauf, dass nur der Lautwert eines Buchstabens genannt wird: „Wir lernen das mmmm!" Die meisten Konsonanten können allein klingen (/m/, /l/, /s/, /r/ usw.), dies ist nur bei einigen Lauten nicht der Fall, z. B. bei /b/ und anderen Plosiven. Entsprechend führt die fremdsprachliche Bezeichnung Vokal und Konsonant zu weniger Verwirrung. Sie hat überdies den Vorteil, dass die Kinder später nicht umlernen müssen.

Die Laute, die man als Konsonanten zusammenfasst, kommen dadurch zustande, dass der Luftstrom durch eine Engstelle im Mund behindert wird. Unterschiedliche Konsonanten entstehen durch Engstellen an verschiedenen Orten im Mund; die Enge befindet sich z. B. an den Lippen (/w/ oder /f/) oder sehr weit hinten im Rachenraum (/ng/). Einige Konsonanten werden auch durch plötzliches Öffnen gebildet: So öffnen sich die Lippen bei /b/ und /p/ schnell, einmal mit weniger, einmal mit mehr Luft. Außerdem spielen das artikulierende Organ und die Stimmgebung eine Rolle.

Bei den Vokalen strömt die Luft dagegen ungehindert. Ebenso wie die Konsonanten unterscheiden sie sich durch den Ort im Mund, an dem sie gebildet wer-

6 Diese Zusammenhänge gelten bei den übrigen Wortarten z.T. nicht. Dies sollte nicht vorschnell als Signal verstanden werden: „Aha, schon wieder Ausnahmen!", da die meisten „kleinen" Wörter für die Kinder unproblematisch sind; andere sind (aus grammatischen Gründen) so komplex, dass sie ohnehin erst am Ende der Grundschulzeit oder in der Sekundarstufe behandelt werden sollten.

den. Mit Blick auf die Buchstaben geht man von fünf Vokalen und drei Umlauten aus. Lautlich unterschieden werden aber für den Kernwortschatz des Deutschen 16 Vokalphoneme (vgl. Duden, Band 4, 1995, S. 35).

Die Vokale müssen in sogenannte Kurz- und Langvokale unterschieden werden. Die Sprechdauer ist allerdings am leichtesten von demjenigen wahrnehmbar, der sich schon an der Schreibung orientiert und aus diesem Wissen heraus entsprechend künstlich dehnt oder betont. Besser wahrnehmbar ist die unterschiedliche **Qualität** der Vokale, die im Duden als „gespannt" und „ungespannt" beschrieben wird. Das /e/ in **E**-sel klingt anders als das in **E**n-te. Im Zusammenhang mit der Bedeutung der Silbe werde ich auf diese Unterschiede zurückkommen. Für das Weiterlernen stellt es eine zentrale Hilfe dar, wenn die Kinder von Anfang an die Vokale als Buchstaben kennenlernen, denen zwei Laute zugeordnet werden können, während dies bei den Konsonanten nicht der Fall ist.[7]

Bedeutung für das Lernen

Die unterschiedlichen Bildungsbedingungen von Konsonanten und Vokalen im Mund führen dazu, dass die Kinder die Konsonanten leichter spüren als die Vokale, da die Konsonanten durch Verengung, also Widerstand, gebildet werden. Der freie Luftstrom der Vokale erzeugt weniger Berührungsinformationen im Mund. Dies dürfte ein Hauptgrund dafür sein, dass die Kinder bei der sogenannten „Skelettschreibung" am Anfang besonders häufig die Vokale auslassen.

Natürlich fehlen auch Konsonanten, besonders bei Häufungen von Konsonanten. Hier dürfte das Problem aber nicht im mangelnden Gefühl im Mund liegen, sondern in der differenzierten Wahrnehmung der Reihenfolge, bzw. in der Schnelligkeit der Aneinanderreihung, z. B. von /pfl/. Es handelt sich also um unterschiedliche Ursachen, die Buchstabenauslassungen zur Folge haben. Hieraus ergeben sich auch unterschiedliche Hilfestellungen und Übungsweisen (s. Kap. 3.2).

Es lohnt sich, mit den Kindern sprachlich genau zu arbeiten. Oft sprechen wir im Unterricht vom „a" oder „e" und differenzieren nicht, ob wir Buchstaben oder Laute meinen. Deutlicher werden Erklärungen, wenn davon gesprochen wird, dass das /u/ zwei Laute, aber nur einen Buchstaben hat.

Silben helfen (Silbisches Prinzip)

Deutsche Wörter (Simplizia) sind sogenannte „prototypische Zweisilber", das heißt normalerweise besteht ein deutsches Wort aus zwei Silben, wovon die erste Silbe betont ist, z. B. „Ha-se, hal-ten". Man kann aber einwerfen: „Baum" oder

7 Unterschiedliche Realisierungsweisen von Konsonantlauten, z. B. bei /r/ oder /ch/ in Abhängigkeit des vorausgehenden Vokals, sind für Erkenntnisprozesse der Kinder nicht zentral.

„hell" seien doch einsilbig. Von diesen Einsilbern gibt es aber immer eine zweisilbige Wortform, nämlich „Bäu-me" und „hel-le". Auf diese zweisilbige Wortform beziehen sich die folgenden **Grund**konstruktionen:

- Jedes Wort besteht aus einer betonten ersten Silbe und einer unbetonten zweiten (**Ha**-se).
- Jede Silbe hat einen Vokal, oder: ohne Vokal keine Silbe.
- Die zweite Silbe eines Wortes ist meist gleich konstruiert: Sie beginnt mit einem Konsonanten, es folgt ein <e>, evtl. ein <r>, <l>, <n>: Ro-**se**, Ma-**ler**, Stie-**fel**, ho-**len**.
- Für die erste Silbe gibt es grundsätzlich zwei Konstruktionsmöglichkeiten: Sie kann offen oder geschlossen sein. Von „offen" spricht man, wenn die erste Silbe mit einem Vokal endet: r**e**(-den), von geschlossen, wenn ein Konsonant die Silbe beendet: R**e**s(-te).

Die Verschriftung der Vokale ist so komplex, weil es mehr Laute als Buchstaben gibt (s. o.). In der folgenden Tabelle werden die Vokalverhältnisse im Zusammenhang mit der Silbe dargestellt:

	Langvokal oder gespannter Vokal	Kurzvokal oder ungespannter Vokal
a	Sp**a**- ten	Sp**a**l- te
e	r**e**- den	R**e**s- te
i	s**ie**- gen	s**i**n- ken
o	V**o**- gel	f**o**l- gen
u	r**u**- fen	r**u**n- de
ä	B**ä**- ren	Gibt es nicht! Bei W**ä**l-der klingt das /ä/ wie /e/ in F**e**lder.
ö	h**ö**- ren	H**ö**l- zer
ü	R**ü**- be	r**ü**s- ten
Der Schwa-Laut: /e/ in der unbetonten 2. Silbe: ru-f**e**n		

Diese Übersicht macht Folgendes deutlich: Die Vokalpaare unterscheiden sich nicht nur durch die Länge, sondern vor allem durch den Klang. Wenn wir mit den Kindern über die Laute /a/, /e/ usw. sprechen, so lautieren wir normalerweise den deutlichen, gespannten Vokal. Hiervon unterscheidet sich der ungespannte, kurze Vokal. Deshalb bereitet er den Kindern ja oft auch Schwierigkeiten. So müssen für jeden Vokalbuchstaben zwei unterschiedliche Vokalklänge betrachtet werden, in Anlauttabellen sind ihnen immer zwei Bilder zugeordnet. In der Silbe werden die Klangverhältnisse noch eindeutiger: Der gespannte Vokal steht am Ende der Silbe, dem Ungespannten folgt noch ein Konsonant. Für die Verschriftung heißt dies: Der Klang des Vokals ist von seiner Position in der ersten Silbe abhängig, obwohl das gleiche Zeichen verwendet wird. Nur für /i:/ gibt es die Buchstabenverbindung <ie>.

Dem Buchstaben <e> sind sogar drei Laute zugeordnet: Die zwei in der betonten ersten Silbe und zusätzlich noch der sogenannte Schwa-Laut, das ablautende /e/ in der unbetonten zweiten Silbe.

Bedeutung für das Lernen

Für eine Arbeit mit Silben von Beginn an sprechen folgende Argumente:

- Wer noch geringe Erfahrungen mit Schriftsprache hat, kann den Lautstrom der mündlichen Sprache nur schwer gliedern. „Die Gliederung einer Wortform in Silben ist dem Sprecher intuitiv zugänglich." (Duden, Band 4, 1995, S. 37) Spätestens seit dem Kindergarten sind die Kinder mit Sprechversen und rhythmischem Sprechen (z. B. Abzählverse) vertraut. An vorhandene Kompetenzen anzuknüpfen erleichtert das Lernen.
- Die Silbe stellt eine begrenzte Einheit dar. Durch ihre Kürze fällt die Lautanalyse leichter.
- Die Silbe beinhaltet für die Schreibung wichtige Informationen, besonders im Hinblick auf die Vokale. Wenn die Kinder von Anfang an lernen, dass die Vokalbuchstaben sich von den Konsonantbuchstaben dadurch unterscheiden, dass sie zwei Klänge repräsentieren, so ist eine Grundlage für spätere Verschriftungen gelegt.
- Aber auch für das Lesen und die Sinnentnahme werden hierdurch Hilfen angeboten: Zu Beginn des Leselernprozesses durchlaufen die Kinder ja eine Phase des langsamen Zusammenfügens der einzelnen Laute. Dabei werden die Vokalbuchstaben zunächst in der deutlichen Lautung verwendet – genau dies verstellt oft die Sinnentnahme. Wenn die Kinder bei jedem Vokal von Anfang an lernen, zwei Hypothesen zu prüfen, so kommen sie dem wahren Klang schneller nahe.
- Intuitives Verständnis und/oder Wissen um die Silbe erleichtern das spätere Erlernen orthografischer Schreibweisen wie der Schreibung mit ie und die Mitlautverdopplung.

Die Vokallaute von Anfang an in Silben zu erproben und mit dem Schriftbild zu vergleichen, bedeutet auch, diesen Unterschied zu bezeichnen. Den Beschreibungen der Kinder sollte vielfältiger Raum gegeben werden, die Fachbegriffe „offene und geschlossene Silbe" sind den Kindern meist sehr eingängig. Die Unterscheidung der Vokalqualität ist diffiziler. Kinder beschreiben den Langvokal z. B. so: klar, deutlich, gut-hörig, lang, einfach; für den Kurzvokal finden sie folgende Umschreibungen: unklar, schlecht-hörig, weiter hinten im Hals, eingequetscht.

In diesem Kapitel wurden noch keine methodischen Vorschläge unterbreitet, sondern rechtschriftliche Fundierungen des Erstunterrichts angesprochen. Diese bezogen sich auf das didaktische Material (farbliche Differenzierung der Konsonanten und Vokale) und erläuterten grundlegende Zusammenhänge. In welche Handlungen dies im Unterricht münden kann, wird im folgenden Kapitel dargestellt. Dort beginnt auch der „eigentliche" Rechtschreibunterricht.

3.2 Lauttreue Schreibungen

Als lauttreue Wörter werden die Wörter bezeichnet, die bei normgerechter Sprechweise mit dem häufigsten Buchstaben für den entsprechenden Laut geschrieben werden, z. B. „rot" oder „laufen". Jeder Lehrer mit Erfahrung im Anfangsunterricht wird allerdings wissen, dass <laufen> von den Kindern vielfältig konstruiert wird: *laofn, *laofen oder auch *lauven. Die ersten beiden Beispiele zeigen, dass die Kinder auf lautlicher und silbischer Ebene noch Lernbedarf haben, das dritte Beispiel kann entweder durch Übergeneralisierung auf einem höheren Niveau oder mit ausprobierendem Verhalten erklärt werden (vgl. zur F/v-Schreibung z. B. Thomé/Eichler 2000).

In der Praxis erfahren gerade lauttreue Schreibungen oft wenig Beachtung, weil an ihnen nichts Besonderes sei, es ja nichts zu lernen gäbe. Dies entstammt einer Tradition, die von der Ungeregeltheit des orthografischen Systems ausgeht. Für die unterrichtliche Behandlung sprechen aber folgende Gründe:

- Gerade an den lauttreuen Wörtern können die Kinder die Grundlagen der Orthografie erfahren. Sie üben nicht nur an den einzelnen Wörtern, sondern erfassen dabei gleichzeitig das Prinzip. Auch wenn dies nicht immer allen Kindern gelingt, so eröffnet sich doch die Chance hierzu.
- Zuerst das Normale, Regelmäßige zu erfahren, hilft, später die Ausnahme hiervon zu unterscheiden. So führt Ungewohntes und Überraschendes nicht so leicht zur kompletten Verwirrung und Verunsicherung.
- Auch im fortgeschrittenen Lernprozess, in der 3. und 4. Klasse, mit lauttreuen, „einfachen" Wörtern zu arbeiten, hilft zunächst schwächeren Schülern: Sie erhalten Erfolgserlebnisse und können vielleicht bei einer dieser Wiederholungen die Erkenntnisse gewinnen, die ihnen bislang fehlten. Aber auch für die übrigen Schüler bietet sich hier immer wieder die Chance, Verwirrungen oder Übergeneralisierungen zu relativieren und den Blick auf das Wesentliche zurückzugewinnen.
- Die Arbeit an lauttreuen Wörtern ermöglicht Konzentration. Wenn z. B. nur lauttreue Nomen ausgewählt werden, so wird die Beachtung der Großschreibung erleichtert, gerade weil nichts anderes zu bedenken ist.

Im Folgenden werde ich von der kleinsten Einheit, den Lauten und Buchstaben, über die Silbe aufsteigen zur größten, dem Wort. Hiermit ist keine zeitliche Stufung verbunden. Konkret werden immer Wörter geschrieben. Bei deren Konstruktion ergeben sich für die Lernenden aber Schwierigkeiten auf verschiedenen Ebenen. Nur in diesem Sinne erfolgt hier eine Gliederung. Damit die Lehrenden die Schwierigkeiten ihrer Schüler leichter verstehen, werden sie systematisch auf der Ebene der Laut-Buchstaben-Entsprechung oder im Zusammenhang mit der Silbe dargestellt. Der Schwerpunkt der Arbeit auf lautlicher Ebene wird ohne Frage in den ersten Jahren des Schriftspracherwerbs liegen. Bei entsprechenden Schwierigkeiten muss aber auch in späteren Jahren hierauf zurückgegriffen werden.

3.2.1 Die Verschriftung von Lauten (phonologisches Prinzip)

Die grundlegenden Beziehungen zwischen Lauten und Buchstaben sind für die Konsonanten und Vokale in Kap. 3.1 dargestellt worden. Hier soll dies in einer anderen Darstellung ausdifferenziert werden.

3.2.1.1 Überblick über die Sachlage

Bei den Konsonanten gibt es für die meisten Laute einen, und nur einen Buchstaben: /l/ = <l>, /m/ = <m> und /b/ = <b>. Wenn hier Schwierigkeiten auftreten, dann weil der Schreiber persönliche oder dialektale Besonderheiten in seiner mündlichen Sprache aufweist und deshalb von der Schreibung, die an der Hochsprache orientiert ist, abweicht. So kann ein Kind z. B. auf Grund seines Dialektes nicht oder nur schwer zwischen /b/ und /p/ unterscheiden.

Darüber hinaus gibt es aber einiges zu beachten, das dem geübten Schreiber mehr oder weniger bewusst ist: So ist die Schreibung: /scht/ = <st> jedem Lehrer als Lern- und Übungsfeld geläufig, die Vokalisation des <–r> oft weniger. Im Folgenden werden alle Verschriftungsbesonderheiten in alphabetischer Reihenfolge aufgeführt. Den Ausgangspunkt stellt der Buchstabe dar, der vom Schriftkundigen oft vorschnell für den Laut gehalten wird.

Buchstaben-Laut-Entsprechung	**Kommentar**
<ai> ist sehr selten	Damit gehört die Buchstabenverbindung nicht ins Zentrum der deutschen Orthografie, sondern in den Randbereich.
<au> klingt /ao/ oder /ou/	Hierbei handelt es sich um eine feste, regelmäßige Verbindung, die dialektal variiert von Schreibanfängern verschriftet wird.
<C>, <Ch> wird für die Schreibung von Fremdwörtern verwendet.	Damit gehört der Buchstabe nicht ins Zentrum der deutschen Orthografie, sondern in den Randbereich.
<ch> repräsentiert zwei Laute	Der Buchstabe <ch> klingt in Verbindung mit dem vorangehenden Vokal unterschiedlich, man spricht von /ich/ und /ach/-Laut, d. h. er wird an verschiedenen Orten des Mundes gebildet.
<ei> klingt /ai/	Hierbei handelt es sich um eine feste, regelmäßige Verbindung.
<-er> klingt als ein Laut am Wortende, der dem /a/ ähnlich ist	Dies ist eine häufige Wortendung im Deutschen. Daneben gibt es Verwechslungsmöglichkeiten zu den seltenen Endungen mit „echtem" <a>: „Oma" oder der seltenen Kombination: <-ar> in den Monaten: (Januar). (Methodik, s. Kap. 3.2.2.3)
<eu> klingt /oi/	Hierbei handelt es sich um eine feste, regelmäßige Verbindung.
<ng> hier werden zwei Buchstaben für einen Laut verwandt	Eine Besonderheit ist hier zu beachten: Tritt der Laut /ng/ vor /k/ auf, so wird in der Schrift das <g> von <ng> weggelassen: Also „schenken", nicht *schengken.

Buchstaben-Laut-Entsprechung	Kommentar
<qu> hier klingen zwei Laute: /kw/	Hierbei handelt es sich um eine feste, regelmäßige Verbindung.
<-r>-Vokalisierung	Das <r> meist am Ende der ersten Silbe (Bir-ne, Gar-ten) wird mit dem vorausgehenden Vokal zusammengezogen, man spricht von einem fallenden Diphthong (Methodik, s. Kap. 3.2.2.3).
<sch> besteht aus drei Buchstaben und repräsentiert nur einen Laut	Es ist regelmäßig, der Laut /sch/ wird in Kombination mit /t/ und /p/ am Anfang des Wortstammes zu <st>, <sp>.
<-ß> steht für den stimmlosen /s/-Laut nach Langvokal und Diphthong	Durch die Reform der Rechtschreibung gibt es <ß> nicht mehr nach Kurzvokal. Die Unterscheidung zwischen stimmhaftem und stimmlosem /s/ kann nicht in allen Dialektregionen Deutschlands getroffen werden.
<st>, <sp> klingt /scht/, /schp/	Am Beginn des Wortstammes vollkommen regelmäßig.
<V> selten für /f/ im Wortstamm, für /w/ bei der Schreibung von Fremdwörtern	<V> wird regelmäßig für die Schreibung der Vorsilben „ver" und „vor" verwendet. Dagegen gibt es nur wenige Wörter mit <v> im Wortstamm, die gemerkt werden müssen; daneben ist es mit der Lautung /w/ in Fremdwörtern (auch Lehnwörtern: Vase) zu finden.
<x> hier klingen zwei Laute: /ks/	Neben der Möglichkeit, die Lautkombination /ks/ mit <x> (Hexe) zu verschriften, gibt es außerdem die Möglichkeit, dies mit: <chs> (Fuchs) oder <ks> (links) zu tun. Damit handelt es sich hier um eine der wenigen wirklich ungeregelten Zuordnungen, um einen Ausnahmebereich.
<Y> kann für drei Laute stehen: /j/, /ü/ und /i/. Es wird ausschließlich für die Schreibung von Fremdwörtern verwendet.	Dieser Buchstabe nimmt eine Zwitterstellung ein: Er kann sowohl für einen Konsonanten (Yak, Yuka) als auch für einen Vokal (Pyramide, Baby) geschrieben werden. Deshalb sollte er mit zwei Farben in der Anlauttabelle gekennzeichnet werden. Insgesamt gehört der Buchstabe nicht ins Zentrum der deutschen Orthografie, sondern in den Randbereich.
<z> hier klingen zwei Laute: /ts/	Ein Doppellaut wird mit einem Buchstaben verschriftet; in deutschen Wörtern steht <tz> als Buchstabenkombination für die Mitlautverdopplung regelmäßig. Es besteht kein Klangunterschied zwischen <z> und <tz>.
Übergangslaute und Verhärtungen	Die Umgebung eines Lautes kann dessen Bildung beeinflussen und so kommt es in seltenen Fällen zu Abweichungen zwischen Schreibung und Lautung. Bei „Obst" oder „Herbst" klingt das <b> wie ein /p/. Bei „Amt" kann bei überdeutlicher Sprechweise ein /p/ zwischen <m-t> eingeschoben werden. Hierbei handelt es sich aber um Einzelfälle.

Die oben dargestellten Bereiche treten weitgehend (vielleicht mit Ausnahme des <ß>) unabhängig von der Sprachregion oder der Herkunftssprache des Sprechers auf. Selbstverständlich müssen von Dialekten oder anderen Muttersprachen weitere Einflüsse auf die Schreibung erwartet werden.

Einflüsse der Sprachregion

Die meisten Kinder lernen rasch, zwischen Dialekt und Hochsprache zu unterscheiden. Fehlerträchtig sind vor allem solche Bereiche, die auch dann von der Standardlautung abweichen, wenn der Sprecher das Hochdeutsch seiner Region spricht. Für die Lehrenden ist eine entsprechende Sensibilität vor allem interessant, wenn Kinder aus einer anderen Gegend in die Klasse kommen. Mit den Besonderheiten der eigenen Region weiß man meist umzugehen:[8]

- Die Nachsilbe <-ig> wird im Norden als /-ich/, im Süden dagegen als /-ik/ realisiert und führt zu entsprechenden Schreibweisen.
- Die Verwendung des /sch/ weist unterschiedliche Komplikationen auf: Im Schwäbischen steht sie in Konkurrenz zum /s/, im Pfälzischen zum /ch/.
- Vorwiegend in einigen südlichen Gegenden treten bei den sogenannten Plosivlauten /b,p/, /d,t/ und /g,k/ Unterscheidungsschwierigkeiten auf. Die Laute /p/, /t/ und /k/ werden eher wie /b/, /d/ und /g/ ausgesprochen.
- /pf/ (Pferd) wird in einigen Regionen in Mittel- und Norddeutschland nur als /f/ gesprochen.
- In ähnlicher geografischer Verteilung wird der /ng/-Laut mit einem deutlichen /g/ am Ende gesprochen, was im Zusammenhang mit der Auslautverhärtung zu Fehlschreibungen führen kann.

Deutsch als Zweitsprache

Hier muss bedacht werden, dass neben einem Großteil gleicher Laute jede Fremdsprache auch ein mehr oder weniger unterschiedliches Lautinventar aufweist. Am allgemein bekannten Englisch lässt sich dies leicht erklären:

Im Deutschen gibt es keinen Laut /th/. Dieser Laut klingt für uns dem /s/ am stärksten verwandt, für einen Briten besteht hier zunächst keine Verwandtschaft, da er von klein auf gelernt hat, diese Laute zu unterscheiden. Bei uns können nun umgekehrt für Kinder mit einer anderen Muttersprache Schwierigkeiten dadurch auftreten, dass sie einige Laute des Deutschen in ihrer Muttersprache nicht finden und so Schwierigkeiten haben, diese überhaupt zu erkennen oder zu unterscheiden. So sind z. B. Umlaute nicht in allen Sprachen vorhanden.

Andererseits entwickelte jede Sprache eigene Zuordnungen der Laute zu den Buchstaben, die zwar weitgehend übereinstimmen, sich im Detail aber eben auch unterscheiden. Wieder am Beispiel Englisch: Die Vokale klingen hier anders als im Deutschen, für /i/ wird häufig <y> (baby) verwendet, für /k/ dominiert <c>. So übertragen Kinder, die die Schrift ihrer Muttersprache beherrschen, mitunter deren Konventionen auf die Schreibung von deutschen Wörtern.

Welche Fehler durch eine andere Muttersprache beim Erlernen der deutschen Orthografie provoziert werden können, muss der Fachliteratur vorbehalten blei-

8 Diese und weitere Aussprachebesonderheiten sind nachzulesen bei König (1989).

ben.[9] Hier werden nur die wichtigsten Unterschiede zwischen Türkisch und Deutsch dargestellt, da dies die größte Migrantengruppe darstellt.

- Das Türkische wird sehr viel lauttreuer verschriftet als das Deutsche. Da es keine Unterscheidung zwischen Lang- und Kurzvokal (außer in Lehnwörtern) gibt, fällt diese den Schülern auch besonders schwer. Bei jeglichem Erklärungsversuch muss also zunächst überprüft werden, ob der Schüler diese Unterscheidung in der mündlichen Sprache überhaupt wahrnehmen kann.
- Konsonantenhäufungen treten nicht auf, hier wird im Türkischen immer ein sogenannter Sprossvokal (= ein <i> ohne Punkt) eingefügt. Diese Einfügungen werden gelegentlich übernommen.
- Den /s/-Lauten sind teilweise andere Zeichen zugeordnet: Dem stimmhaften /s/-Laut ist der Buchstabe <z> zugeordnet, dem stimmlosen /s/ das <s>. Die Lautkombination /ts/ fehlt im Türkischen. Wo wir <sch> schreiben, wird dort <ş> geschrieben.
- Auch der Laut /r/ kann von türkischen Schülern anders wahrgenommen werden. Wenn ein <ğ> an Stelle eines <r> auftritt, dann kann man ein Missverständnis, das durch die Muttersprache ausgelöst ist, vermuten.

3.2.1.2 Verschiedene Wege als Lernangebot

Der Erwerb der Laut-Buchstabenverbindungen wird hier nicht thematisiert, da er zum grundlegenden Schriftspracherwerb gehört und hier sehr unterschiedliche Wege gegangen werden. Vielmehr stehen die sogenannten phonologischen Regelhaftigkeiten im Zentrum. Dies sind im engeren Sinne: <qu>,<ei>,<eu>, und <sp>, <st>. Hier wird schon deutlich, dass z. B. <z> ebenfalls dazugerechnet werden könnte. Dies unterbleibt, weil es einerseits als häufiger Buchstabe schon zu Beginn des Schriftspracherwerbs eingeführt wird, andererseits im Zusammenhang mit der Schreibung von <tz> ohnehin immer wieder thematisiert wird. Außerdem wird <x> wegen seiner Mehrdeutigkeit in den ungeregelten Bereich der Orthografie verwiesen. Dort ist auch die Unterscheidungsschreibung von <f> – <v> (oder: <v> – <w>) vorwiegend anzusiedeln. Bei der Einführung wird der Buchstabe <f> (bzw. <w>) als der normale und häufige behandelt. Von ihm wird <v> als selten, nur für die gelernten Beispiele (Vater, Vogel) relevant, abgesetzt.

Zentral ist in diesem Bereich die kognitive Strategie: „Ich höre einen anderen Laut als ich spreche!“, bzw. „Ich höre ..., **aber** ich schreibe ...!“

Die Wege zur Verschriftung phonologischer Regelhaftigkeiten unterscheiden sich weniger durch unterschiedliche Methodik als vielmehr durch die zeitliche Verortung im Lernprozess.

---

9 Einen guten Überblick über verschiedene Sprachen bietet: Praxis Deutsch, Sonderheft (1980): Deutsch als Zweitsprache. Seelze.
Beispiele für die Praxis finden sich in Belke (1999); für Lehrer, die vorwiegend türkische Schüler unterrichten, lohnt es sich vielleicht, die anspruchsvolle, aber umfassende Darstellung von Ayan (1995) zu lesen.

		Verständnis der Schüler	
Lehrweg	**Sachanalyse**	**Positive Aspekte**	**Negative Aspekte**
Regelhaft: Ich höre …, schreibe aber …	Trifft immer zu; bei <st>,<sp> sind Positionen im Wort zu beachten.	Keine Ausnahmen, beim Üben wenig fehlerträchtig.	Wird aufgrund mangelnder Automatisierung nicht angewandt.
Automatisierung übers Schreiben.	Konkrete Wortsammlung bei regelhaften Bereichen nicht ausreichend.	Automatisierte Vorgänge entlasten	Könnte auf einzelne Wörter beschränkt bleiben.
Kombination mit morphologischen Regeln bei der differenzierteren <st>, <sp>-Schreibung.	<st>, <sp> werden am Beginn des **Wortstammes** geschrieben.	Festigt die Einsicht ins morphologische Prinzip der Schreibung.	Kinder haben Schwierigkeiten, auf die Position im Wort zu achten.
Bei mangelnder Unterscheidungs- oder Erkennungsfähigkeit des einzelnen Schülers aufgrund regionaler Eigenheit, anderer Muttersprache oder aus sonstigen Gründen muss zunächst der Umweg über die Schrift gegangen werden, das heißt mithilfe des Schriftbildes muss die Aussprache zunächst geübt werden.			

3.2.1.3 Lernwege und -probleme

Für die Schreibung von lauttreuen Wörtern können aus Sicht der Lerner zwei Problembereiche unterschieden werden: Die Verschriftung von sogenannten phonologischen Regelhaftigkeiten und die Verschriftung von Lauten, für die die Kinder keinen sicheren Rückhalt in der eigenen Aussprache finden.

Erfassen der phonologischen Regelhaftigkeiten

Wie oben schon angedeutet, findet die erste Begegnung z. B. mit der Regel: „Ich höre /ai/, aber ich schreibe <ei>" schon bei der Einführung der Buchstabenkombination <ei> statt. Diese erste Abweichung vom Normalen soll den Kindern signalisieren: Hier ist etwas zum Nachdenken!

Von dieser Einführung kann aber noch nicht erwartet werden, dass alle Kinder diese Regel sofort umsetzen. Naturgemäß fällt dies umso leichter, je gebündelter die Aufmerksamkeit auf das Phänomen konzentriert ist. So stehen am Anfang Aufgaben, die die volle Konzentration auf das Phänomen erlauben: Im Laufe der Zeit dienen die Übungen immer mehr der Automatisierung, sowohl der kognitiven als auch der schreibmotorischen. Im Laufe der 2. Klasse sollte für die Kinder die Schreibweise selbstverständlich sein. Wer jetzt noch Schwierigkeiten hat, bedarf spezieller Unterstützung. Die Schreibweise <ai> sollte als große Ausnahme für ganz seltene Fälle auf einer Wortliste gesammelt werden.

Für <eu> gelten dieselben Zusammenhänge, allerdings ist die Stammschreibung „Ich schreibe <äu>, wenn ich ein verwandtes Wort mit <au> kenne", hiervon abzuheben. Diese weiterführende Strategie sollte aber erst intensiver thematisiert werden, wenn /oi/ = <eu> für die Kinder normal geworden ist.

Ebenso sollten die Grapheme <st>, <sp> als feste Buchstabenkombination für die Lautverbindung /scht/, /schp/ im Schriftspracherwerb eingeführt werden. Ihr Erwerb benötigt im Allgemeinen aber länger. Dies liegt einerseits an der komplexen Verschriftung im Bereich /sch/ und /s/ (s. o.). Andererseits ist hier eine Positionsbestimmung zu berücksichtigen: Die Regel gilt nur für den Wortanfang, genauer für den Anfang des Wortstammes. Dies heißt, dass die Kinder ihr Verständnis immer weiter ausdifferenzieren müssen. Am Anfang stehen einfache Wörter im Mittelpunkt: Stein, Stufe, steigen, springen usw. Später müssen die Kinder lernen, dass „Treppenstufe" auch in der Mitte des Wortes mit <st> geschrieben wird, ebenso „absteigen", „wegspringen" u. Ä. Im Zusammenhang mit der Schreibung von <st>/<sp> ergeben sich also mehrere Übungsphasen (s. u.).

Fehlender Rückhalt in der mündlichen Sprache

Ein grundsätzlich anderer Weg muss beschritten werden, wenn ein Kind in seiner mündlichen Sprache keinen Rückhalt für die Schreibung findet. Dies ist am Anfang des Lernprozesses häufig. Die Kinder sprechen „wie ihnen der Schnabel gewachsen" ist. Solche Verschriftungen verschwinden bald, allerdings bleiben bei einigen Kindern Unsicherheiten aufgrund regionaler Dialekte oder durch eine andere Muttersprache (s. o.). Leider wird aber diese mangelnde Grundlegung durch die mündliche Sprache verkannt und die Kinder erhalten irreführende Hinweise wie: „Das hört man doch!" oder „Du musst deutlicher sprechen!". Solche vermeintlichen Hilfestellungen gehen von demjenigen aus, der entweder in seiner mündlichen Sprache die korrekte Aussprache verankert hat oder von demjenigen, der die korrekte Schreibweise bereits kennt. Am Beispiel: Das fränkische Landkind wird *Domade (Tomate) schreiben. Der Hinweis: „Sprich deutlicher: Tomate (mit besonders betonten /t/-Lauten)" wird im Moment eine korrekte Nachahmung hervorrufen. Die Wahrscheinlichkeit ist groß, dass dieses Kind das nächste Mal aber *Tose (Dose) schreibt, weil es besonders „teutlich" gesprochen hat.

In solchen Fällen sollte der Weg immer über die Analyse der Schreibung führen:

- Wir sammeln Wörter mit dem problematischen Laut (Beispiel: Wörter mit <t>), lesen diese und üben die hochsprachliche Aussprache dabei ein.
- Einige dieser Wörter werden wie Merkwörter geübt. Bei der Auswahl achtet der Lehrer darauf, dass die Laute in der Normalposition stehen: Also nicht Brot (wegen Gleichklang mit der Auslautverhärtung), sondern Tasche.
- Es erfolgt eine zeitliche Pause, in der andere Bereiche thematisiert werden.
- Der entsprechende Verwechslungsfall wird wiederum zunächst isoliert betrachtet (Wörter mit <d>).
- Erst wenn für beide Fälle eine Sicherheit angebahnt ist, wird an Übungen wie „T oder D?" gearbeitet. Erfolgt diese Unterscheidung zu früh, so ist mit einer Verwirrung im Sinne einer Ranschburgschen Hemmung zu rechnen.

3.2.1.4 Geeignete Übungen

Die folgenden Übungen beziehen sich speziell auf phonologische Regelhaftigkeiten. Dabei sind die Aufgaben nach steigendem Schwierigkeitsgrad geordnet. Sie werden am Beispiel <ei> dargestellt, sind aber entsprechend für <eu> und <qu> ebenso geeignet. Für <st>, <sp> gelten sie genauso, können hier aber wie unten gezeigt noch erweitert werden.

- Sammeln von Wörtern mit /ei/: gemeinsam an der Tafel, in der Gruppe, zu Hause (Auswahl nach Bedeutsamkeit und individuellem Leistungsvermögen).
- Automatisierung des Schreibmusters „ein": isoliert als unbestimmter Begleiter und eingebettet (mein, dein, kein, Schwein, Bein, herein, sein ...)
- Auswahl entsprechender Wörter aus einer bildlichen Vorgabe: „Suche die Wörter, bei denen du ein <ei> hörst. Schreibe sie groß."

Entsprechend können auch Verben mit <ei> bildlich angeboten werden. Hier bietet sich die Einbettung in einen Satz an:

- Einsetzen des fehlenden Vokals in vorgegebene Wörter: Eine Beschränkung auf Wörter mit /ei/ scheint dabei nicht angeraten, weil dies eher zu einem oberflächlichen Arbeiten führt. Eine Unterscheidung /ei/ oder /ie/ ist allerdings grundsätzlich zu vermeiden. Auf lautlicher Ebene gibt es keinen Grund, die beiden zu verwechseln. Als Fehler durch schreibmotorische oder optische Verwechslung begünstigt eine solche Übung nur weitere Verunsicherungen. So sollten in einer solchen Übung Wörter mit /ei/ vorherrschen und durch Wörter mit /e/ oder /a/ ergänzt werden.
- Automatisierungsübungen für Schreibschrift: Hier wird „ei" in die Mitte des Blattes geschrieben, häufige Wörter werden darum gruppiert, wobei die Kinder unterschiedliche Stifte und Farben benutzen. (Diese Standardübung bietet sich auch für Merkwörter an.)

Überarbeitungsaufgaben eignen sich besonders dann, wenn das Phänomen schon weitgehend automatisiert ist, allerdings noch nicht sicher angewandt wird. Ein Text mit entsprechender Häufung von /ei/-Wörtern wird vorgegeben. Das <ei> wird fälschlicher Weise mit <ai> verschriftet. Hierbei dürfen natürlich auf keinen Fall Wörter, die korrekter Weise ein <ai> enthalten, verwendet werden.

Ain klainer Gaist will den Kindern ainen Straich spielen. Er versteckt sich hinter ainer großen Aiche und wirft klaine Staine gegen die Schaibe. Die Kinder erschrecken! Marie schrait laut: „Ainbrecher!" Vater schaut mutig in den Garten. Laise schlaicht der klaine Gaist zur Hecke. Da stolpert er und fällt hin. „Au!" Er hat sich das Bain an ainem Stain aufgeschlagen. Jetzt waiß Vater, wer der Gaist war. ...

Für <Qu, qu> besteht die einfachste Übung in der Sammlung einiger weniger, relevanter Wörter. Aufgrund der Seltenheit vergessen die Kinder einfach, wie der Buchstabe zu schreiben ist. So kann der Buchstabe in die Mitte eines Blattes geschrieben werden, die Kinder schreiben die entsprechenden Wörter mit verschiedenen Farben, mit unterschiedlichen Schriften oder auch in unterschiedlichen Schriftarten um den Buchstaben. Eventuell kann ein solches Blatt nach und nach durch weitere Wörter ergänzt werden.

Für die Schreibung <st>/<sp> ergibt sich darüber hinaus noch die Notwendigkeit, spezielle Übungen zur Gleichschreibung des Wortstammes anzubieten. Bevor ich hierfür noch einige Beispiele angebe, möchte ich die Thematik in den Lernprozess einordnen:

- 1. Klasse: Einführung der Grundregel: Wenn ich am Anfang eines Wortes /scht/ (/schp/) höre, so schreibe ich immer <st> (<sp>). Begrenzung des Übungswortschatzes auf Fälle, die ausschließlich diese Besonderheit aufweisen; z. B. sprechen.
- 2. Klasse: Ausweitung und Sicherung dieser Regel. Im Zusammenhang mit dem Wortschatz werden hier auch Wörter, die eine weitere Rechtschreibbesonderheit aufweisen, geübt; z. B. später, spielen, stellen, Straße, Stück. [10]
- 3. Klasse: Wiederholung bereits geübter Wortstämme und Erweiterung durch neue. Dabei Arbeit mit Wortzusammensetzungen (Lieblingsspiel) und Erweiterung durch Vorsilben.
- 4. Klasse: Wiederholung und Sicherung; Arbeit der Schüler an spezifischen Problemen, soweit vorhanden.

Weiterführende Übungen sind im Zusammenhang mit der Arbeit mit Wortbausteinen zu sehen. So bietet sich an: Zu einem Stamm mit <st>/<sp> eine weitreichende Wortfamilie zu suchen, z. B. zu „stellen" Vorsilben suchen. Auch der Übergang in eine andere Wortart kann hier verdeutlicht werden. Für den Wortstamm „spiel" bieten sich besonders Zusammensetzungen an. Insgesamt liegt hier der Schwerpunkt auf dem morphologischen Prinzip (s. Kap. 3.4), im Zusammenhang mit <st>/<sp> sind aber auch diese Zusammenhänge besonders einfach zu erfassen, so ergänzen sich verschiedene Themen gegenseitig.

10 Beispiele sind nach Naumann (1999, S. 106) häufig.

3.2.1.5 Analyseraster für Verständnisschwierigkeiten bei Schülern

Problem	Hilfestellung
Schreibt für <ei> *ai, für <eu> *oi u. Ä.	Kennt das Kind die Phonem-Graphem-Zuordnung? Wenn nicht, muss diese wiederholt und aufgebaut werden. Denkt es nur beim Verfassen eigener Texte noch nicht daran? So ist dies ein Hinweis darauf, dass die Automatisierung fehlt. Es sollte eingeführt und angehalten werden, seine Texte in einem dem Schreiben nachgeordneten Vorgang nur nach dieser Strategie zu überarbeiten. Gleichzeitig sollte an der Automatisierung, z. B. bei den sehr häufigen Wörtern „mein, ein, dein“ u. Ä. gearbeitet werden.
Ersetzt es <ch> durch andere Buchstaben?	Überprüfen, ob dies bei zweisprachigen Kindern mit der Muttersprache in Verbindung steht. Manche Kinder verschriften den /ach/-Laut mit <r>, weil der Bildungsort (hinten im Hals) am ähnlichsten ist.
volle Verschriftung von /ng/ vor k: *schengken	Regel des Wegfallens nicht bewusst, das Kind folgt logisch einer lautlichen Strategie. Irrtum aufklären, Fälle sammeln und einüben.
/Sch/ wird auf <s> am Wortanfang fälschlich reduziert.	Dies geschieht besonders häufig am Wortanfang vor Konsonant: *Swein, *Sleife. Die Kinder übertragen die <st>-Regel auf andere Bereiche: Immer, wenn am Anfang eines Wortes ein /Sch/ klingt, schreibt man <s>. Irrtum aufklären, Fälle sammeln und einüben.
/Sch/ wird auf <s> im Wortinnern in der Verbindung /scht/ fälschlich reduziert.	Auch hier muss mit einer Übergeneralisierung[11] gerechnet werden, z. B. er *fist, er *mist. Hier wird die Endung bei Verben (3. P. Sg.) nicht erkannt. U. U. spielt auch eine Interferenz bei schwäbischen Dialektsprechern eine Rolle: Das Kind hat gelernt, dass es nicht /hascht/ (<hast>) schreiben darf. Dies wird übertragen.
Der Laut /ks/ wird unsicher verschriftet.	Dies ist normal, da keine einsichtige Regel vorliegt. Eine Schreibweise (z. B. Wörter mit <x>) auf Wortlisten sammeln, diese merken, einige Zeit warten, andere Schreibweise (<chs>) angehen. Gefahr der Ranschburgschen Hemmung!
Zu häufige Verwendung von <v>.	Übergeneralisierungen in diesem Bereich sind normal. Wenn das Kind hartnäckig bei dieser Schreibweise bleibt: Nur Wörter mit den Vorsilben „ver-“ und „vor“ suchen lassen; daneben gibt es ganz wenige Wortstämme. Kann auch auf Verunsicherung hinweisen: „Schreiben ist so kompliziert, sicher ist schon wieder etwas Besonderes im Wort.“ Zu dieser Hypothese würde auch eine Häufung von Mitlautverdopplungen und Dehnungszeichen passen.

11 Übergeneralisierungen sind ein normaler Vorgang im Lernprozess. Besondere Beachtung verdienen sie nur, wenn sich falsche Strategien verfestigen. Sind sie zeitlich begrenzt, so verlieren sich diese Fehlschreibungen oft von selbst.

Problem	Hilfestellung
Häufung von <tz> im Wortinnern.	Schreibt das Kind aufgrund der lautlichen Gliederung /ts/ das <t> zum <z> dazu? Dies ist der Fall, wenn es seine Schreibung mit einem besonders explizit artikulierten /t/ begründet: „Kertze“. Dieser Fehler passiert am Wortanfang nur deshalb nicht, weil das Schriftmuster so ungewöhnlich wäre: *Tswerg / *Tzwerg . Es liegt also eine Unsicherheit über den Lautwert von <z> vor und nicht primär eine fälschliche Mitlautverdopplung. (Natürlich kann auch dies der Fall sein, müsste dann aber auch in anderen Bereichen (ll, mm, nn) zu finden sein.)
Verwendet das Kind Schreibmuster aus seiner Herkunftssprache?	Durch einen Vergleich der Schreibweisen wird die Verwendung in beiden Sprachen gegenübergestellt. Tipp: Da der Lehrer nicht alle Herkunftssprachen seiner Schüler beherrscht, sollte man ggf. bei schreibkundigen Erwachsenen nachfragen.

3.2.2 Silben: Was man daran lernen kann (Silbisches Prinzip)

Schon bei der Grundlegung des Rechtschreiblernens war die Silbe von entscheidender Bedeutung (s. Kap. 3.1). Hieran wird angeknüpft und im Sinne des Lernfortschrittes gegliedert. Dabei steht zunächst der Vokal als Silbenträger im Vordergrund, anschließend wird die 2. Silbe genauer untersucht, schließlich steht die 1. Silbe im Zentrum. In einem letzten Schritt wird die Trennung am Zeilenende angesprochen.

1. Silbe		2. Silbe
Offene 1. Silbe	**Geschlossene 1. Silbe**	***Häufig:***
K+V (**Ro**-se)	K+V+K (**hel**-fen)	K+e (+l,n,r) (Stu-**fe**, Ka-**mel**, hal-**ten**, Schwes-**ter**)
KK+V (**Kra**-gen)	KK+V+K (**Stun**-de)	*Selten:*
Selten: KKK+V (**Spra**-che)	*Selten:* KKK+V+K (**Pflas**-ter)	K+a: O-**ma** Die 2. Silbe beginnt mit e: Bau-**er**, schrei-**en** (s. auch: silbentrennendes h).
Sehr seltene Ausnahmen: Wüste, Mond, husten …: Obwohl die 1. Silbe geschlossen ist, ist der Vokal lang. fürch-ten, Fens-ter, kämp-fen …: 2K am Ende der 1. Silbe.		**Endungen** wie -ig, -lich, -heit, -ung u. Ä. gehören zum morphologischen Prinzip.

3.2.2.1 Überblick über die Sachlage

Silben sind in der mündlichen Sprache den meisten Menschen aus dem Sprachgefühl heraus zugänglich. Dabei gilt als Grundregel: Jeder separat artikulierte

Vokal ist der Träger einer Silbe: **E-le-fa**nt. Die Zahl der Konsonanten kann variieren, ohne Vokal geht es nicht. Diphthonge (au, eu, ei) gelten als ein Vokal, da sie verschmolzen sind. Diese Grundeinsicht müssen die Kinder zunächst gewinnen. Darüber hinaus bestehen aber noch weitere Regelmäßigkeiten: Der Bau der 1. Silbe ist variantenreicher, der der 2. Silbe einfacher. Die oben stehende Tabelle verdeutlicht die Zusammenhänge. Dabei werden Konsonanten mit „K", Vokale mit „V" abgekürzt.

Zur Trennung am Zeilenende

Auch wenn unter wissenschaftlichen Gesichtspunkten die Unterschiede zwischen der geschriebenen und der gesprochenen Silbe betont werden (vgl. Duden, Band 4, 1995, S. 65 ff.), so stehen im Zentrum doch zunächst die Übereinstimmungen: Wo in der gesprochenen Sprache abgesetzt wird, dort wird in der geschriebenen getrennt, die silbische Trennung bildet den Kern: Ho-se, hal-ten, usw. Bei den seltenen Fällen der Konsonantenhäufung in der Wortmitte hilft die Regel der 2. Silbe ebenfalls: Die 2. Silbe beginnt mit **einem** Konsonanten: kämp-fen. Seit der Rechtschreibreform wird auch <ck> parallel zu <ch> oder <sch> als untrennbarer Doppelbuchstabe verstanden. Auch Wörter wie „Hei**lung**" werden mit dem Konsonanten beginnend Hei-lung getrennt. Hier zweifeln viele Schreiber, weil sie nach der Wortbildung trennen möchten: Wortstamm-Endung.

Als zweite Regel kann im Horizont des Grundschulunterrichts angefügt werden: Vorsilben und zusammengesetzte Wörter werden an der Nahtstelle getrennt: weg-stellen, Haus-tür.

Für die Trennung von Fremdwörtern bestehen eigene Regeln, allerdings brachte die Rechtschreibreform hier einige Liberalisierungen.

Einzig die Alleinstellung eines Vokals ist im Lerprozess der Grundschule zu thematisieren: E-sel oder E-lefant darf am Zeilenende nicht getrennt werden, obwohl es in der mündlichen Sprache eine sogenannte Sprechsilbe ist. Didaktisch kann diesem Unterschied Rechnung getragen werden, indem die Silbenbögen die Sprechsilben, ein Trennungsstrich die Schreibsilben symbolisiert. Wohlgemerkt: Dies fällt fast immer zusammen.

3.2.2.2 Aufbau der Lernschritte

Der Vokal als Silbenträger

Die Grunderkenntnis kann schon sehr früh mithilfe von Bild- und Wortkarten gewonnen werden. Es müssen noch nicht alle Kinder die langen Wörter selbstständig erlesen können. Allerdings ist es sinnvoll, diese Erkenntnis auch später mit variiertem Wortmaterial zu wiederholen, um sie zu festigen. Zunächst sollen die Kinder erkennen, dass jede Silbe unbedingt einen Vokal benötigt. Diese Erkenntnis ist zentral, weil bei den eigenen Verschriftungen der Schüler besonders häufig Vokale fehlen.

An der Tafel ist ein Raster mit vier Spalten angezeichnet. Die Spalten sind mit 1, 2, 3 und 4 überschrieben. Daneben sind Wortkarten (eventuell auch Bildkar-

ten) angebracht, die die Kinder erlesen sollen. Nach dem Erlesen wird jedes Wort mit der gesamten Klasse in Silben ergangen, um die Anzahl der Silben zu ermitteln. Entsprechend der Silbenzahl wird die Wortkarte in die entsprechende Spalte gehängt. Auf den Wortkarten sind die Buchstaben in den zwei Farben der Vokale und Konsonanten geschrieben. Sehr schnell erkennen die Kinder, dass in jeder Spalte entsprechend der Überschrift ein Vokal hängt.
Am Beispiel Kleidung soll das Vorgehen verdeutlicht werden:

- Wortkarten zum Thema „Kleidung" hängen an der Tafel. Die Kinder sollen diese erlesen. Hat ein Kind ein Wort erlesen, so wird dieses von allen Kindern rhythmisch „gegangen", d. h. entsprechend der Silbenzahl.[12]
- Nun wird die Wortkarte entsprechend der „Schritte" an der Tafel in die Tabelle eingeordnet.

1	2	3	4
Tuch Rock Strumpf Hemd	Halstuch Hose Bluse	Handschuhe Hosenknopf Unterhemd	Streifenbluse Ledergürtel Unterhose

- Beim Betrachten des Tafelbildes fällt auf: Bei einem Schritt ist ein Vokal im Wort, bei zwei Schritten sind es zwei usw.

Diese Erkenntnis muss nun verallgemeinert und immer wieder überprüft werden.[13] Damit ist aber nur der erste Schritt im Lernprozess getan: Ein logischer Zusammenhang ist entdeckt worden. Nun muss er für das eigene Schreiben nutzbar gemacht werden. Hierfür bietet sich die Arbeit mit dem Silbenkästchen an. Diese wird unten im Zusammenhang mit der Arbeit an der 2. Silbe erläutert.

Die 2. Silbe ist einfach

Beim selbstständigen Schreiben eigener Wörter ohne Vorlage fehlt ja oft der Schwa-Laut (/e/) in der 2. Silbe. Die Verschriftung dieses schwer hörbaren /e/-Lautes in der 2. Silbe wird auf zwei Wegen unterstützt:

- 2. Silben der Wörter werden gesammelt und untersucht
- Arbeit mit dem Silbenkästchen

Ad 1: Auch hier ist der Ausgangspunkt zunächst das geschriebene Wort. Da bei den Kindern oft das <e> in der 2. Silbe fehlt, gibt der Lehrer vor, dass wir uns nun mal besonders die 2. Silbe vornehmen wollen. Die Kinder erhalten verschiedene Wortkarten – wieder mit den beiden Farben geschrieben – und sollen die letzte Silbe abtrennen: laufen, spielen, tanzen, schreiben, malen, rechnen, Name,

12 Das „Gehen" kann im Raum stattfinden, aber auch am Platz. Hier ist es mehr ein „Schaukeln" von einem Bein zum anderen. Hiermit ist einerseits keine große Unruhe verbunden, andererseits gelingt durch die Bewegung des gesamten Körpers den Kindern das Silbieren am leichtesten.

13 Weitere Beispiele finden sich bei Spiegel (2001, S. 16ff.).

Nase, Blume, Boden, Ente, Esel, Tante, Auge, Schule, Ampel, Flügel, dunkel, usw. Nach dem Abschneiden bleiben folgende Bestandteile an der Tafel stehen:

-e	-en	-el
me, se, me, te, te, ge, le	fen, len, zen, ben, len, nen, den	sel, pel, gel, kel,

Die Überschriften sind bald gefunden, es ergibt sich die Grundregularität: Die 2. Silbe beginnt mit einem Konsonanten, es folgt ein e.

Besondere Aufmerksamkeit bedarf die Endung <-er>, da hier eine lautliche Verschmelzung stattfindet zu einem Laut, der dem /a/ (oder /ä/) ähnlich ist und auch von den Kindern entsprechend verschriftet wird. Mit einem ähnlichen Vorgehen, nämlich dem Sammeln entsprechender Wörter und Isolieren der 2. Silbe wird die Erkenntnis gewonnen: Wenn ich am Ende des Wortes /a/ (auch „Schlamper-a" genannt) höre, muss ich <-er> schreiben.

Hier einige Wörter, die ohne Mehrzahlbildung oder Besonderheit diese Endung aufweisen: Schulter, Becher, Fenster, Tochter, Schwester, Bruder, Winter, Finger, Meister, Meter usw.

Nach der Behandlung dieser Endsilbe kommt es immer wieder zur Übergeneralisierung und die Kinder schreiben: *liler (lila), *Lawer (Lava) oder *Oper (Opa). Meist verlieren sich solche Fehler von selbst, allerdings ist auch eine akustische Gegenüberstellung möglich. Es handelt sich dabei zwar um einen feinen, aber durchaus wahrnehmbaren Unterschied.

Ad 2: Eine tägliche kleine Zwischenübung zur Festigung der Einsicht, dass jede Silbe einen Vokal benötigt und dass dieser in der 2. Silbe fast immer ein <e> ist, stellt die Arbeit mit einem Silbenkästchen dar. Jetzt benötigt man kein schriftliches Vorbild mehr, sondern die Kinder schreiben die Wörter selbst auf. Zunächst sollte aber der Lehrer bei der Auswahl der Wörter darauf achten, dass vorwiegend lauttreue Wörter verwendet werden. Im Laufe der Zeit bringen aber immer häufiger auch Kinder eigene Wörter ein. Hier ist es dann hilfreich, wenn der Lehrer kommentiert, dass die eine oder andere Besonderheit erst später genauer besprochen wird. In einem Kästchen bewahrt jedes Kind Kärtchen mit Silbenbögen auf.
Die Arbeit folgt einem festen Schema:

- Der Lehrer nennt ein Wort. Die Kinder gehen das Wort in Silben und heben die entsprechende Silbenkarte hoch, z. B. Blu-me = zwei Silben.
- Sie legen das Kärtchen mit zwei Silben vor sich hin und geben in jeden Bogen sofort einen Leuchtpunkt, denn wir wissen ja: Jede Silbe braucht einen Vokal. Erst jetzt wird gefragt: Wie klingt der? Die Kinder hören das Wort ab und entscheiden <u> und <e>.
- Nun werden die beiden Silben abgehört und entsprechend der Anzahl der Konsonanten weitere Punkte notiert. Diese werden anschließend identifiziert und die Kinder schreiben das Wort auf.
- Der Lehrer schreibt das Wort an die Tafel und die Kinder vergleichen.

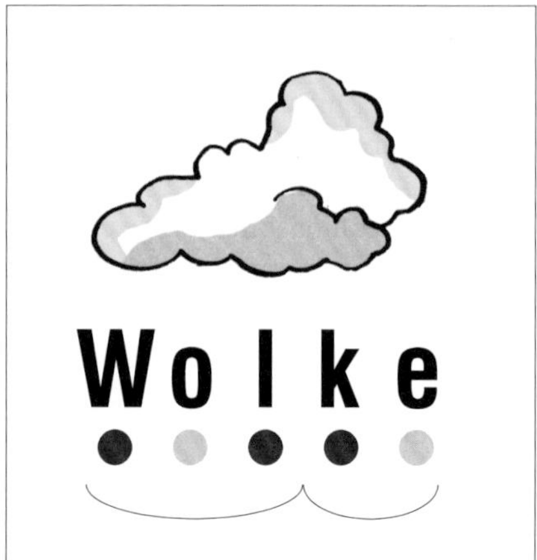

Diese strukturierte tägliche Arbeit automatisiert die Erkenntnis „In jeder Silbe muss ein Vokal sein" allein dadurch, dass der Leuchtpunkt sofort in den Silbenbogen gesetzt wird. Sehr schnell machen die Kinder auch die Erfahrung: Das Zweier-Kärtchen brauchen wir besonders oft und „hinten" ist fast immer ein <e>. Damit sind wichtige Grundlagen gelegt.

Auch wenn auf dieser Stufe der Rechtschreibentwicklung bei weitem noch keine orthografisch korrekte Verschriftung erwartet werden kann, so ist doch schon hier ein grundlegendes Arbeitsverhalten anzubahnen, nämlich das rechtschriftliche Überarbeiten: Mit der Aufgabe: „Male unter jedes Wort die Silbenbögen und kontrolliere, ob du in jeder Silbe einen Vokal geschrieben hast", können die Kinder erste Erfahrungen mit der Arbeitstechnik des Überarbeitens machen.

Die 1. Silbe kann offen oder geschlossen sein

Im prototypischen Zweisilber des Deutschen kann nur die erste Silbe besonders gekennzeichnet sein, z. B. durch ein Dehnungs-h oder doppelten Selbstlaut. Entgegen weitverbreiteter Vermutungen ist dies aber der seltene Ausnahmefall. Die 1. Silbe im Unterricht genauer zu betrachten, hat zwei Hauptgründe:

- Die Unterscheidungsfähigkeit in offene und geschlossene Silbe bildet die Grundlage für weitreichendere Einsichten in orthografische Zusammenhänge. Nur in offenen Silben tritt das <-ie> auf, oder sie können durch ein Dehnungs-h gekennzeichnet sein, ganz selten auch durch einen doppelten Selbstlaut. Nur bei geschlossenen Silben kann die Verdopplung eines Buchstabens für einen Konsonanten notwendig werden (vgl. Kap. 3.3).
- Die Betrachtung der 1. Silbe festigt die Unterscheidungsfähigkeit der Vokalqualitäten und hilft beim Erkennen der r-Vokalisation. Außerdem können Konsonantenhäufungen auch hier deutlicher wahrgenommen werden.

Zur Unterscheidung zwischen offener und geschlossener Silbe: Wie bei der Arbeit mit der 2. Silbe steht das Entdecken der Zusammenhänge am Anfang. Wieder sind die Buchstaben in Farben unterschieden. Wieder erfolgt eine Konzentration auf eine Silbe, diesmal auf die erste. Die Thematisierung dieser Zusammenhänge darf nicht beim einmaligen „Durchnehmen" stehenbleiben, sondern sollte eine immer wiederkehrende Übung im Zusammenhang mit anderen Themen darstellen. Werden die Kinder zu selbstständigen Entdeckungen aufgefordert, so entdecken sie auch anderes, was durchaus kein Schaden ist, da hier der Lehrer oft wichtige Einblicke in Denkstrukturen gewinnen kann. Zentral für das Entdecken der hier angesprochenen Zusammenhänge ist aber folgende Anordnung:

Vokal	Offene Silbe	Geschlossene Silbe
A	ha-ben	han-deln
E	Fe-der	Fel-sen
I	Bie-ne	bin-den
O	So-fa	Sol-dat
Ö	hö-ren	Höl-zer
U	Schu-le	Schul-ter
Ü	Sü-den	Sün-de
Bei der Erstbegegnung wird man auf die Diphthonge verzichten. In einem späteren Schritt werden auch diese untersucht und hier erfolgt die einfache Erkenntnis: Diese stehen immer in einer offenen Silbe/am Ende der 1. Silbe.		
Au	Rau-pe	
Eu	Leu-te	
Ei	lei-se	

Zentral ist die Erkenntnis des Musters: Eine Spalte endet mit einem Vokal, bei der anderen ist er in der 1. Silbe eingeschlossen. Dieser Ordnung entspricht ein Klangunterschied der Vokale: In der geschlossenen Silbe klingt der Vokal auf andere Weise als in der offenen. Die beiden Vokalphoneme erhalten eine spezifische Verortung in der Silbe (s. Kap. 3.3.1).

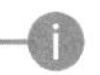

Bei der Auswahl der Wörter sollten Wörter mit <-ch> oder <-sch> in der Mitte vermieden bzw. darauf geachtet werden, dass die Grundeinsicht nicht torpediert wird. Hier können durchaus (schriftlich) offene Silben mit Kurzvokal auftreten, z. B. waschen, Sachen. Die Mehrgrapheme (ch, sch) werden in der Schrift nicht verdoppelt, obwohl sie beim Sprechen ein sogenanntes Silbengelenk bilden (s. Mitlautverdopplung). Allerdings sind diese Wörter in keiner Weise schwierig zu schreiben, sie sollten eben nur nicht als Beispielwörter für solche Übungen verwendet werden.

r-Vokalisierung

Das <r> am Ende der ersten Silbe wird von den meisten Sprechern nicht mehr wie ein normallautendes /r/ am Anfang einer Silbe gesprochen. Vielmehr entwickelt es sich zu einem sogenannten „fallenden Diphthong", das heißt, es wird mit dem vorausgehenden Vokal verschmolzen und im Rachenraum (deshalb: fallend) wird ein dem /a/ ähnlicher Laut gebildet. Deshalb ist es in Kombination mit /a/ besonders schlecht zu identifizieren. Entsprechend verschriften dies die Kinder auch: *Gaten (Garten), *Wuam (Wurm) oder *Biane (Birne).

Um den Kindern die Problematik bewusst zu machen, bietet sich folgendes Vorgehen an: Den Kindern wird ein kurzer, unbekannter Text mit entsprechendem Wortmaterial diktiert, andere Schwierigkeiten werden angegeben: „Kurt wartet im Garten. Er will (<ll>) Birnen und Gurken ernten."

Nun sollen die Kinder ihre Schreibweise mit der richtigen an der Tafel vergleichen. Sicher fehlt bei vielen Kindern das <r>.

Die entsprechenden Wörter werden isoliert und die eigene Sprechweise wird erprobt. Dabei bietet sich eine Kontrastierung mit der Schreibweise ohne <r> an: Ohne <r> müsste /bi:-ne/ und /gu:-ke/ gesprochen werden. So wird für die Kinder fassbar: „Wir lassen das <r> beim Sprechen nicht einfach weg, sondern es hat einen veränderten Klang."

Nach der Erkenntnis kommt die Übungsphase, in der die entsprechenden Wörter besonders deutlich gesprochen werden, am Anfang auch über das normale Maß hinaus.

Geeignetes Wortmaterial ist: der, werden, Birke, Farbe, Garten, Gurke, Karte, Kirche, lernen, merken, sorgen, turnen, warnen, warten, werfen.

Für eine spätere Wiederholung und Erweiterung bieten sich einsilbige Wörter an, die zunächst in eine zweisilbige Wortform überführt werden müssen, z. B. wird, Arm, Farn, scharf, Schirm, gern, Herz, Kern, Turm, Wurm.

3.2.2.3 Geeignete Übungen

Da es sich in diesem Kapitel um sehr grundlegende Einsichten handelt, sind diese schon im Übungskatalog (Kap. 2.3) aufgeführt. Deshalb genügt hier eine kurze zeitliche Einordnung:

Am Beginn des Lernprozesses, vorwiegend in der 1. Klasse: gemeinsames Ordnen zur Unterscheidung zwischen offener und geschlossener Silbe, zunehmend eigenständige Arbeit mit dem Silbenkästchen.

Besonders in der 2. Klasse: Ordnungsaufgaben zur Unterscheidung zwischen offener und geschlossener Silbe. Diese Arbeit muss immer weiter ausdifferenziert werden. Die Zweisilbigkeit soll von den Kindern zunehmend selbstständig hergestellt werden: zu „rot" ro-te

Ab der 3. bis in die 4. Klasse: Die Zweisilbigkeit muss gefunden werden, beispielsweise in Zusammensetzungen: „Turnstunde" tur-nen + Stun-de oder: „merkwürdig" wür-dig zu mer-ken. Die Analyse von Wörtern wird natürlich immer komplexer. Morphologische und silbische Hilfen ergänzen sich gegenseitig.

3.2.2.4 Analyseraster für die Verständnisschwierigkeiten der Schüler

Da im Zusammenhang mit der Silbe vielfältige Grundlagen gelegt werden sollten, beziehen sich die Probleme des einzelnen Schülers oft auf weiterführende Rechtschreibbereiche. So hat er Schwierigkeiten bei der Mitlautverdopplung oder bei der Verwendung des <-ie>. Die Ursache kann aber nicht in den dortigen Erklärungsmustern liegen, sondern daran, dass er die grundlegende Unterscheidung der Vokalqualität nicht treffen kann.

Problem	**Hilfestellung**
Lässt Buchstaben aus, Konsonanten und Vokale gemischt.	Überprüfung des Arbeitsstils beim Schreiben: Schreibt das Kind überhastet, spricht es nicht mit beim Schreiben, spricht es schneller als es schreibt? Einübung in Silbensprache und synchrones Mitsprechen beim Schreiben.
Buchstaben werden verdreht geschrieben, also nicht in ihrer zeitlichen Folge.	Überprüfen, ob die Aussprache der Normallautung entspricht. Unter Umständen findet der Schüler hier keinen Rückhalt, weil er Laute verschluckt und Silben wiederholt. Alternative Möglichkeit: Überhastetes Schreiben wie oben. Keiner dieser Gründe: Verlangsamung des Schreibprozesses durch Gliederungsübungen, z. B. mit dem Silbenkästchen.
Lässt vorwiegend Vokale in der Endsilbe aus.	Das umgangssprachliche Sprechen ist wahrscheinlich nicht durch die Silbensprache ersetzt.
Verwendet falsche Vokale, besonders häufig: e/ä-Verwechslung in geschlossener Silbe.	Beispiel: *häftig. Die lautliche Nähe des kurzen /e/ in geschlossener Silbe zu dem Langvokal /ä/ (= **Kä**-fig) in offener Silbe führt zu diesem Missverständnis. Die tatsächlichen Klangverhältnisse werden bei <e> in geschlossener Silbe erprobt und als der Normalfall etabliert: Heft, rennen, ... Alternativ (oder ergänzend für eine Übergangszeit): Dem Kind wird „verboten", <ä> zu schreiben, wenn es kein Wort mit <a> angeben kann.
Fehler im Bereich Vokallänge/ Vokalkürze.	Ist Deutsch die Zweitsprache? Oft haben diese Kinder Wahrnehmungsschwierigkeiten schon im Mündlichen. So müssen sie diesen Unterschied erst über das Lesen erlernen. Systematische Vergleiche bieten sich an (H**e**-fe/h**e**l-fen). Generelle Verunsicherung: Das Kind kennt sich gar nicht mehr aus und probiert hilflos herum. Unterscheidungsübungen bei lauttreuen Wörtern, um Sicherheit aufzubauen.
Konsonantenhäufungen werden nicht oder fehlerhaft verschriftet.	Komplexe Silbenränder mit mehr als zwei Buchstaben sind selten. Für Grundschulkinder sind wichtig: <str>, <spr> und <pfl> am Anfang und <-mpf> oder <-rst>/<-rnt> am Ende der ersten Silbe. Hierfür eignet sich die Arbeit mit kleinen Wortsammlungen (vgl. Naumann 1999, S.122f.). Andere Häufungen entstehen durch Zusammensetzungen (Butter**br**ot) und Flexion (du su**chst**). Hier bieten sich Übungen zur Zerlegung in Morpheme an.

3.3 Die Silbe hilft auch hier

Für eine intensive Arbeit mit Silben wurde einerseits wegen der Grundlegung plädiert, andererseits auch deshalb, weil sich die Bereiche <ie> und Mitlautverdopplung hier systematisch einfügen lassen. Im konkreten Unterricht lässt sich aber nicht immer nur ein Weg gehen, z. B. weil die Kinder schon mit einem anderen Erklärungsmuster konfrontiert wurden. Wenn das einzelne Kind damit zurechtkommt, sollte der Lehrer nicht auf seinem Weg beharren. Dies führt nur zu Unsicherheit und Verwirrung. Für verschiedene Lehrangebote und unterschiedliche Erklärungsmuster sprechen grundsätzlich immer die individuellen Lernweisen der Kinder (vgl. Thomé 1999). Die Kenntnis des Lehrers um Alternativen ist also hilfreich. Im Folgenden werde ich die Arbeit mit Silben in den Mittelpunkt stellen, aber auch die Alternativen erläutern.

3.3.1 Wörter mit „ie“

Ein Erklärungsmuster über Silben entspricht einerseits besonders der Sache, andererseits bietet es dem Lerner eine klare Entscheidungshilfe. Voraussetzung ist dabei die Fähigkeit, in Silben zu gliedern und den Wortstamm zu erkennen.

3.3.1.1 Überblick über die Sachlage

Das lange /i:/ ist der einzige Vokal im Deutschen, der ein eigenes Längenzeichen bekommen hat, nämlich <ie>. Die Schreibweise <ie> ist mit ca. 80 Prozent auch die häufigste für das lange /i:/. Daneben gibt es <ih>, <ieh> und einfaches <i>.

Zunächst beziehe ich mich wieder auf die Hauptwortarten Nomen, Verb, Adjektiv und hier ist die Regel, die im Zentrum steht, noch deutlicher: Endet die betonte erste Silbe auf /i:/, so wird <ie> geschrieben. Etwa Bie-ne, Flie-ge, krie-chen usw. Dabei geht man immer von der möglichen zweisilbigen Form aus: tie-fe, Tie-re, Spie-le usw. Hinzu kommt die häufige Nachsilbe „-ieren“.

Nun zum Randbereich der Orthografie:
Die verflixten „Kleinen“: Den kleinen Wörtern „dir, mir, wir“ und „hier, vier“ wird oft wenig Aufmerksamkeit geschenkt. Wenn die Kinder keine Probleme damit haben, ist dies wunderbar und man sollte keine schlafenden Hunde wecken. Manche Kinder sind aber verwirrt, weil sie von der einen Schreibweise auf die andere übertragen. Dies ist in anderen Lernbereichen ein grundsätzlich hilfreiches Verhalten und sollte als solches gewürdigt werden. Als kleine „Eselsbrücke“ hilft vielleicht folgende Geschichte: Immer, wenn Personen gemeint sind, dann schreibt man mit einfachem <i>. Da diese Wörter so häufig sind, hätten die Buchdrucker sich früher gedacht, dass man hier gut sparen könne. Wenn man so oft einen Buchstaben weglässt, dann braucht man nicht so viele Buchstaben. Kinder, die mit einer Druckerei arbeiten, können diesen Spar- oder Faulheitsgedanken gut nachvollziehen.

- <ih>: Diese Schreibung gibt es nur beim Personalpronomen ihn, ihr, ihm und den entsprechenden Flexionen. Da diese Wörter häufig verwendet werden, muss wortspezifisch gearbeitet werden. Sinn macht hier nur die Anwendung im Satz, da der Fehlerschwerpunkt nicht aufgrund des Zweifels *ien oder ihn?, entsteht, sondern ein lexikalischer Konkurrent vorliegt, nämlich „in" oder „ihn".
- <ieh>: Im Rahmen des Grundschulunterrichts gibt Naumann (1999, S. 131) lediglich fünf Wörter an: fliehen, geschieht, liehen, sieht, ziehen. Da die Verhältnisse zum silbentrennenden -h (s. Kap. 3.5.2) sehr komplex sind und wenige Beispiele vorliegen, bietet sich das Merken als Lernstrategie an.
- <i>: Für die Schüler liegt hier oft der größte Fehlerschwerpunkt. Die Kinder schreiben nach der Langvokalregel *Maschiene oder *Tieger. Grundlegend ist die Regel: Die Nachsilbe -ine wird ohne <ie> geschrieben. Für fortgeschrittene Lerner kann als Hilfserklärung angeboten werden: Wenn ein Wort aus einer anderen Sprache zu uns gekommen ist, so schreibt man es nicht mit <ie>. Am Beispiel „Tiger", von lat./gr. tigris, lässt sich das mit dem Vergleich zum eng. „tiger" deutlich machen.

3.3.1.2 Verschiedene Wege als Lernangebot

		Verständnis der Schüler	
Lehrweg	**Sachanalyse**	**Positive Aspekte**	**Negative Aspekte**
1. Silbe endet auf /i:/, also <ie>	weitgehend ohne Ausnahme (s. o.)	überprüfbar durch silbisches Sprechen	erfordert Erweiterung auf zweisilbige Form
Langvokalregel: Wenn du langes /i:/ hörst, schreibst du <ie>.	Regel und Ausnahmen wie oben	Unmittelbar dem Lautstrom entnehmbar, wenn die Unterscheidungsfähigkeit vorhanden ist.	Unterscheidung zw. Lang- und Kurzvokal schwierig. Anfällig für Überbetonung, um mündliche Sprache der eigenen Schreiberwartung anzupassen.
Sammeln von Beispielen und Merken	Zu regelmäßig und zu viele Fälle für ein solches Verfahren.	Richtiges Schreiben eines sehr begrenzten Wortschatzes.	Kein Erfassen des Sachzusammenhanges; das selbstständige Übertragen wird nicht unterstützt.

3.3.1.3 Lernwege und -probleme

Der Weg über die Silbe

Der Vorteil des Weges liegt auf zwei Ebenen:

- Er ist in die Systematik der Unterscheidung zwischen offener und geschlossener Silbe eingebunden. Hier gilt als einziger Zusatz: Das /i/ am Ende der Silbe wird mit <ie> geschrieben. (Für die übrigen Selbstlaute gibt es eben keine Sonderzeichen.)
- Die Schüler haben eine sichere Möglichkeit, die Schreibung zu überprüfen: Der Versuch ist eindeutig durchzuführen: Klingt das /i/ am Ende der Silbe, dann <ie>. Endet die 1. Silbe mit einem Konsonant, dann <i>.

Eine Erstbegegnung mit dem Graphem <ie> sollte schon im Zusammenhang mit dem Erwerb der Laut-Buchstaben-Entsprechungen stattfinden. In folgender Klammer werde ich eine Möglichkeit der Erarbeitung im eigentlichen Rechtschreibunterricht darstellen, passend für das Lernniveau einer 3. Klasse.

Erarbeitungsmöglichkeit im Rechtschreibunterricht (3. Klasse)

Einführung: Unten stehende Wortkarten werden den Kindern gemischt angeboten. Die Wörter stehen bereits in einer zweisilbigen Wortform. Die Kinder werden aufgefordert, die Wörter in zwei Gruppen aufzuteilen: finden, Firma, Hilfe, Pilze, Stifte, Schirme, Winde, Silber, Prinzen, Kinder, Kiste, kriegen, lieben, Riese, Ziege, Wiese, spielen, riefen, liegen, Biene, Fliege, Tiere, Zwiebel, tiefe, schiefe, blinde usw.

Nach Ordnungen suchen: Die Kinder werden verschiedene Ordnungen finden, die alle eine Würdigung verdienen, weil sie das Strukturieren und Vergleichen grundsätzlich schulen. So kommen die Kinder sicher darauf z. B. nach dem Schluss (endet auf -e / endet auf -en) oder nach der Wortart zu ordnen. Nach entsprechender Würdigung hilft der Hinweis, dass bei der gesuchten Ordnung die Einteilung ohne Rest in zwei Spalten aufgeht. Die Einteilung in die Spalten „mit <ie>", „mit <i>" finden die Kinder sicher schnell.

Eine Regel aufstellen: Nachdem die Wörter eingeordnet sind, steht die Frage im Raum: Woran kann ich erkennen, ob man ein Wort mit <ie> oder mit <i> schreibt? Hier zeigen sich natürlich die gewohnten Erklärungsmuster des Unterrichts. In einem Rechtschreibunterricht, der sich auf die Silbe stützt, wird die entsprechende Vermutung längst vorbereitet sein. Ein Teil der Kinder nimmt dagegen den Klang der Vokale stärker wahr, z. B. lang und kurz. Auch dies ist zu würdigen. Ihre Tauglichkeitsüberprüfung erfolgt später (s.u.).
Zur Verdeutlichung werden die Wörter nun in Silben getrennt (Umknicken der Wortkarten) und die Buchstaben zweifarbig markiert (Vokal/Konsonant). Es ergibt sich ein eindrucksvolles Bild: In der ersten Spalte enden alle Wörter mit <ie>, in der zweiten Spalte alle mit einem Konsonant. Jetzt ist die Regelnennung nicht mehr schwer.

Anwendung und Übung: Die Wörter werden von den Kindern aufgeschrieben. Am Anfang sollten lediglich die Wörter mit <ie> aufgeschrieben werden, um eine Konzentration auf das Phänomen zu erhalten. Dabei sollte die übliche Verbindung zweier Wortformen einen Teil der Übung darstellen. Die Frage: „Warum schreibe ich ‚tief' auch mit <ie>? Hier ist doch ein Konsonant am Ende?", muss in einem eigenen Lernschritt mit allen Kindern thematisiert werden.

Überprüfung des Übungserfolges: Nach einer Übungsphase sollten die Kinder immer auch überprüfen, ob sie erfolgreich gelernt haben. Neben Aufgaben, die das Auswendigaufschreiben von geübten Wörtern, das Aufschreiben von Sätzen enthalten (s. Kap. 2.5), können auch Aufgaben angeboten werden, die ein Einordnen nötig machen. Da es ja immer um den Stammvokal /i/ geht, kann dieser ersetzt werden und eine Wortliste muss eingeordnet werden: B□ne, B□nde, schw□rig, kr□chen, fr□ren, h□ndern usw.
Eine Steigerung der Aufgabenschwierigkeit ist folgendermaßen zu erzielen:

- Es werden nur zweisilbige, geübte <ie>-Wörter angeboten und zweisilbige Wörter mit <i>.
- Es werden auch zweisilbige <ie>-Wörter untergemischt, die nicht ausdrücklich geübt waren. Dazu zweisilbige Wörter mit <i>.
- Unter beide Kombinationen werden auch einsilbige Wörter gemischt, sodass die Schüler zunächst eine zweisilbige Wortform bilden müssen.
- Es werden Kunstwörter diktiert, die eingeordnet werden müssen, z. B. tielen, tisten, riede, rifte usw.

Durch eine entsprechende Steigerung der Aufgabenschwierigkeit erhalten Sie einen sicheren Hinweis darauf, wie differenziert das Kind die Operationen schon anwendet. Bei der ausschließlichen Anwendung der Lang-/Kurzvokalregel zeigt die Erfahrung, dass die Kinder häufiger überdehnen.

Im Laufe der Jahre sollte das Thema immer mal wieder angesprochen werden. Eine Thematisierung der Ausnahmen, bzw. der Randbereiche (s. Sachanalyse) sollte nicht zu früh einsetzen, da sonst mit einer Konfusion, einer Ranschburgschen Hemmung, gerechnet werden muss. Zwei Lernwege sollten sich hier, wie bei allen regelhaften Bereichen, verbinden:

- Häufige, für die Kinder relevante Wörter, werden fallweise gesammelt, geübt und gesichert.
- Es erfolgt eine zunehmende Orientierung an der Strategie, das heißt, die Regel, die geistige Operation sollte immer stärker in den Vordergrund rücken.

Der Weg über den Langvokal

Die Erklärung über den Langvokal weist aus sachanalytischer Sicht keine großen Unterschiede zur Erklärung über die Silbe auf.

Der entscheidendere Punkt ist die Problematik der Unterscheidungsfähigkeit zwischen Lang- und Kurzvokal an sich. Diese ist nicht so leicht zu treffen, wenn man die Schreibweise nicht schon im vorhinein kennt. Der Schüler, der in seiner eigenen Artikulation nach dem Unterschied sucht, hat oft Schwierigkeiten, zu einer sicheren Entscheidung zu gelangen. Der Hinweis „Das hört man doch!", hilft oft am meisten dem, der schon weiß. So neigen manche Kinder zu Überbetonungen, in der Hoffnung den so oft angegebenen Unterschied doch endlich zu hören. Besonders Kinder mit einer anderen Muttersprache haben dann Probleme, wenn die eigene Sprache nicht zwischen Lang- und Kurzvokal unterscheidet.

Allerdings gibt es auch Kinder, die mit dieser Unterscheidung kaum Schwierigkeiten haben. Manchmal ist eine Unterstützung durch eine Dehnbewegung, z. B. mithilfe eines Gummibandes, sinnvoll.

Im Vergleich mit der Arbeit an Silben besteht ein Hauptunterschied darin, dass wesentlich länger als dort am konkreten, schriftlich vorliegenden Wort gearbeitet wird. Bei der silbischen Arbeit ist dies zwar ebenfalls der Ausgang, der Übergang zur selbstständigen Analyse bei unbekannten Wörtern kann hier aber früher erwartet werden.

<ie> als Merkschreibung

Das <ie> als Merkschreibung zu behandeln, erscheint nur für die allererste Einführung sinnvoll, wenn die Kinder mit differenzierteren Operationen noch überfordert sind. Außerdem mag es in äußerst begrenzten Einzelfällen hilfreich sein: Wenn ein Kind vollkommen verunsichert und verkrampft beim Schreiben ist, so mag es für einen begrenzten Zeitraum sinnvoll sein, die Empfehlung zu geben: Nur bei den Wörtern, die du ganz sicher kennst, schreibst du ein <ie>. Ähnliches gilt für Kinder mit Deutsch als Zweitsprache.

Bei Merkschreibungen sind immer gedächtnisunterstützende Maßnahmen zu empfehlen, z. B. bietet sich hier Unterstützung durch ein Bild an:

Ein solches, am besten von den Kindern selbst gemaltes Plakat kann dann um einige Wörter erweitert und zu wiederholenden Merkübungen herangezogen werden.

3.3.1.4 <ie> im Lernprozess

Verschiedene Übungsmöglichkeiten sind im letzten Kapitel ausführlich beschrieben worden. So steht hier die zeitliche Einteilung des Lernprozesses im Mittelpunkt.

- 1. Klasse: Einführung der Buchstabenkombination <ie> für den Langvokal am Ende der ersten Silbe. Einige häufige und typische Vertreter genügen: Sieben Riesen spielen auf der Wiese. Ergänzung bei Bedarf.
- 2. Klasse: Einführung in den sachlichen Zusammenhang (s. o.). Übung von Wörtern mit <ie>. Für leistungsstärkere Schüler: Überprüfung eigener Texte mit der Operation: Bei Wörtern mit /i/ überprüfe ich die erste Silbe.
- 3. Klasse: Exploration in Wörterlisten oder Wörterbüchern: Die Schüler suchen selbstständig Beispiele für Wörter mit <ie> und alternative Schreibungen. Mithilfe von Mustersätzen wird die Schreibung von „ihn, ihm, ihr" eingeführt.
- 4. Klasse: Wiederholung und Ausweitung: Ausnahmen, die trotz langen /i:/-Lautes kein <ie> enthalten, werden gesammelt und als Ausnahmen gemerkt. Hierzu gehören Fremdwörter und die Endsilbe „ine". Das Possessivpronomen muss sicher noch wiederholt werden.

3.3.1.5 Analyseraster für Verständnisschwierigkeiten bei Schülern

Problem	Hilfestellung
Schreibt selten <ie>	Kennt das Kind die Buchstabenverbindung als regelmäßige Schreibweise? Welche Auskunft gibt es auf die Frage: Wann meinst du denn, dass man <ie> schreiben muss? Hieraus lassen sich u.U. Missverständnisse ableiten. Wenn ein Regelbewusstsein vorhanden ist: Für einige Zeit sollte der Überarbeitungsschwerpunkt auf diesem Bereich liegen: Sprich in Silben, wenn du am Ende einer Silbe /i/ hörst, schreibst du ein <ie>.
Schreibt zu oft <ie>	Ist das Kind verunsichert und spricht alle Wörter mit überbetontem und/oder überdehntem /i/, z. B. /schiiimpfen/ u. Ä.? Umschwenken auf die Erklärung über die offene Silbe. Wenn hierfür keine Grundlage besteht, sollten möglichst viele Wörter mit einfachem /i/ untersucht und besprochen werden.

3.3.2 Mitlautverdopplung

3.3.2.1 Überblick über die Sachlage

Die Mitlautverdopplung ist ebenfalls ein regelmäßiges Phänomen der Orthografie. Zu ihr gehört die Schreibung mit <ck> und <tz>. Es handelt sich hierbei nur um grafische Varianten zur Verdopplung von <k> und <z>, das heißt in deutschen Wörtern gibt es kein Wort, das mit <kk> oder <zz> geschrieben wird. So üblich die „Pizza" auf deutschen Tischen ist, die Schreibweise ist italienisch. <ck> bleibt als ein Graphem in der Schrift auch am Zeilenende verbunden, ähnlich wie <ch>, auch wenn beide als Silbengelenk (s. u.) beim Sprechen zu beiden Silben gehören.

Als Ausnahmen zur Kurzvokalregel (s. u.) gelten „kleine Wörter", z. B. „in, bin, um" und Endungen: „-nis" (aber: „-nisse"), „-in" (aber: „-innen"). Im Horizont der Silbenregel sind diese Schreibungen regelhaft. Mangelnde Morphemkonstanz findet sich bei Fremdwörtern, z. B.: fit – fitter. Im Horizont des Schülerverständnisses sind noch Zusammensetzungen zu bedenken, die zum Aufeinandertreffen zweier Mitlaute führen, z. B. annehmen oder Fahrrad.

Die Mitlautverdopplung kann über den Kurzvokal definiert werden oder über das sogenannte Silbengelenk. Ersteres ist allgemein bekannt, letzteres in der Praxis jedenfalls nicht sehr verbreitet.

- Kurzvokalregel: Einem kurzen Vokal folgen zwei Konsonanten. Ist nur einer zu hören, so muss dieser in der Schrift verdoppelt werden. Diese Regel wird umgangssprachlich oft verkürzt dargestellt, leider auch in Sprachbüchern, und heißt dann: „Nach einem kurzen Selbstlaut kommt oft doppelter Mitlaut." Eine solche Regelnennung ist wenig hilfreich.
- Silbenregel: Der Doppelkonsonant steht in der Silbenfuge des prototypischen Zweisilbers. Oder anders ausgedrückt: Der (ambisyllabische) Konsonant am Silbengelenk muss in der Schrift verdoppelt werden, um für die 1. und 2. Silbe einen Buchstaben bereitzustellen.

An einem Beispiel möchte ich die Zusammenhänge dieser zunächst sperrig wirkenden Regel deutlich machen: Ich erinnere an die *Grundlagen zur Silbe* am Beispiel „He-fe" und „hel-fen". Die 2. Silbe beginnt regelmäßig mit einem Konsonanten, in der 1. Silbe ändert sich der Klang des Vokals /e/, je nachdem, ob er allein am Ende der Silbe steht oder ob die Silbe von einem Konsonanten beendet wird. Das Wort „*helle*" (die helle Sonne) lässt sich jetzt parallel konstruieren. Die 2. Silbe heißt „-le", sie muss ja mit einem Konsonanten beginnen. Die erste Silbe muss aber „hel" heißen, also mit einem Konsonanten schließen, weil das /e/ wie in „h**e**lfen" und nicht wie in „H**e**fe" klingt. Werden beide Silben zusammengesetzt, so ergibt sich „hel-le".

Diese Erklärung orientierte sich an Verschriftungsgesetzen der Silbe. Es kann aber auch stärker von der mündlichen Sprache ausgegangen werden: Sprechen Sie Wörter wie „Himmel" oder „Sonne" zwar rhythmisch, aber nicht getrennt. Die Silbengrenze liegt in der Mitte und der Konsonant ist tendenziell zweigipflig. Dies heißt im Fachchargon „ambisyllabischer Konsonant" oder Silbengelenk (vgl. Huneke 2000, S. 4).

Der *entscheidende Punkt* an dieser (zugegebenermaßen etwas ausschweifenden!) Argumentation ist, dass sehr viele Kinder in ihrer mündlichen Sprache einen Zugang genau zu diesem Phänomen haben. Huneke (2000) hat dies in einer interessanten Untersuchung an *Vorschulkindern* nachgewiesen. Die Mehrheit der Kinder, die noch nichts über die Schreibung wissen, schon gar nichts über Mitlautverdopplung, artikulieren dieses Silbengelenk, wenn sie aufgefordert werden, silbisch zu sprechen. Erst wenn Kinder über die Schreibung nachdenken, verlieren sie u. U. wieder diesen natürlichen Zugang, weil er eben nicht als Erklärungsmuster im Unterricht angeboten wird.

Wie dieser natürliche Zugang im Unterricht für die Schreibung nutzbar gemacht werden kann, zeigen die folgenden Vorschläge.

Wenn Sie noch etwas Geduld haben, so machen Sie noch folgendes Artikulationsexperiment mit: Sprechen Sie „Mutter" silbisch. Wenn Sie nach der 1. Silbe aufhören, so klingt zwar das /u/, aber nicht als Langvokal /u:/, sondern in der ungespannten, kurzen Artikulation. Sie werden jetzt sagen: „Ha! Nix Silbengelenk! Kurzvokal!" Achten Sie aber bitte einmal darauf, wo sich Ihre Zunge befindet! Sie werden feststellen, dass sie sich in der Artikulationsstellung des /t/ hinter den Zähnen befindet. Das Silbengelenk wurde also bereits artikuliert, es hat bei /t/ nur noch keinen Ton, da sich dieser erst bei der Öffnung mit dem folgenden Vokal bildet.

Diese 1. Silbe mit dem Abschluss der sogenannten Implosion (= lautloser Teil der Bildung) ist für Kinder gut wahrnehmbar. Wenn Sie dies mit Kindern ausprobieren wollen, wenden Sie sich ab, damit die Kinder die Mundstellung nicht beobachten können. Bilden Sie Paare wie /la:/ – /lap/, wobei Sie das /p/ eben nicht aussprechen, sondern lediglich die Lippen nach dem Vokal in die entsprechende Stellung bringen, also nach dem /a/ in P-Stellung schließen. Der Unterschied ist deutlich wahrnehmbar, allerdings ist nicht zwischen /p/ und /b/ zu unterscheiden.

3.3.2.2 Verschiedene Wege als Lernangebot

		Verständnis der Schüler	
Lehrweg	**Sachanalyse**	**Positive Aspekte**	**Negative Aspekte**
Silbengelenk	weitgehend ohne Ausnahme (s. o.)	Überprüfbar durch silbisches Sprechen; Kinder haben einen intuitiven Zugang dazu.	Erfordert Erweiterung auf zweisilbige Form.
Kurzvokalregel	Bei den Hauptwortarten weitgehend ohne Ausnahme, bei kleinen Wörtern und Endungen unregelmäßig (s. o.).	Nur geeignet, wenn Kurz- und Langvokal sicher unterschieden werden können.	Die Schüler müssen auf den Vokal achten, die Markierung aber am Konsonant anbringen. Bei Unsicherheit starke Neigung zu Übertreibungen.
Sammeln von Beispielen und Merken	Zu regelmäßig und zu viele Fälle für ein solches Verfahren.	Richtiges Schreiben eines sehr begrenzten Wortschatzes.	Kein Erfassen des Sachzusammenhanges; das selbstständige Übertragen wird nicht unterstützt.

3.3.2.3 Lernwege und -probleme

Die etwas ausführliche und appellative Beschreibung des Sachverhaltes soll nicht darüber hinwegtäuschen, dass gerade im Zusammenhang mit Kompetenzorientierung immer als Maxime gilt: „Hauptsache, die Schüler kapieren's!", bzw.: „Die Kinder beherrschen die Schreibweise." Die großen Schwierigkeiten, die viele Kinder mit diesem Rechtschreibbereich bis in die Sekundarstufe haben, weisen auf Verständnisschwierigkeiten mit der Kurzvokalregel hin. Voraussetzung für einen veränderten Erklärungsansatz ist aber eine veränderte Sichtweise durch den Lehrer selbst.

Der Weg über das Silbengelenk

Der Weg über das Silbengelenk lässt sich noch einmal differenzieren: In einen Weg, der vom Mündlichen ausgeht und einen solchen, der von der Schreibung ausgeht. Zunächst werde ich auf den Weg über die mündliche Sprache eingehen, weil er im Lernprozess früher angesetzt werden kann. Sind die Schüler in ihrem Schriftspracherwerb schon fortgeschritten und mit anderen Vorstellungen aufgewachsen, so kann dieser natürliche Zugang verstellt sein.[14]

14 Eine sehr schöne Möglichkeit für ältere Schüler zeigt M. von der Kammer (2001, S. 40 ff.). Auch wenn sie ihr Modell in der 9. Klasse erprobte, könnte dies etwas modifiziert in jüngeren Jahrgängen umgesetzt werden.

Das Silbengelenk der mündlichen Sprache nutzen

Ausgangspunkt für das Erfassen des Silbengelenks sind zweisilbige Wörter mit gut klingenden Konsonanten im Silbengelenk, z. B. <nn>, <mm> oder <ll>. Hier werden verschiedene Wörter bildlich vorgegeben, z. B. Himmel, Sonne und Welle.

Alle Kinder „gehen" die Wörter in Silben. Nun wird ein Kind aufgefordert, die Buchstaben, die für das Wort „Himmel" benötigt werden, auf den Fußboden zu legen. Dabei ist es sehr willkommen, wenn das Kind zunächst nur einen Buchstaben für den Doppelkonsonanten verwendet.

Nun wird das Gehen wiederholt, die Kinder sollen genau beobachten, bei welchem Buchstaben der Schritt gemacht wird. Bei einer weiteren Wiederholung bleibt ein Kind auf der Mitte stehen. Jüngere Kinder bleiben fast immer auf dem /m/, /n/ oder /l/ stehen.

Im Folgenden stellt sich die Frage: Zu welcher Silbe gehört dieser Buchstabe nun? Da er zu beiden Silben gehört, fällt die Einsicht leicht: Dann muss jede Silbe eben auch einen eigenen Buchstaben bekommen.

Eine Ausweitung auf die Laute /t/, /p/ und /k/ (= <ck>), bzw. /ts/ (= <tz>) bedarf des sorgfältigen Spürens, wie es für den geduldigen Leser oben beschrieben war.

Kinder, die diesen intuitiven Zugang zum Silbengelenk spüren, haben meist keinerlei Probleme mit diesem rechtschriftlichen Bereich. Sie müssen lediglich die Verbindung zwischen ein- und zweisilbiger Wortform kognitiv bewältigen (sti*ll* wegen: stil-le; re*nn*t wegen: ren-nen). Da diese Verbindung aber bei vielen Phänomenen hilft, sollte sie ohnehin automatisiert werden.

Mündliches und Schriftliches vergleichen

Zunächst werden die Wörter ohne Doppelmitlaut in die folgende Tabelle nach offener und geschlossener Silbe eingeordnet. Diese Arbeit kennen die Kinder seit der 1. Klasse.

	Offene Silbe	**Geschlossene Silbe**
a	Sch*a*- fe	sch*a*l-ten sch*a*f-fen
e	b*e*- ten	b*e*s-ten B*e*t-ten
i	sch*ie*- fe	Sch*i*l-der Sch*i*f-fe
o	R*o*- se	r*o*s-ten R*o*s-se
ö	bl*ö*- de	*ö*f-ter L*ö*f-fel
u	m*u*- t*i*g	M*u*s-ter M*u*t-ter
ü	H*ü*- te	H*ü*l-se H*ü*t-te

Nun sollen die Wörter mit Mitlautverdopplung zugeordnet werden. Hier bietet es sich wieder an, die Wörter zunächst nur mündlich zu nennen: „In welche Spalte muss man „schaffen" einordnen?" Spontan ordnen die Kinder das Wort nach dem Klang der geschlossenen Silbe zu. Bieten Sie jetzt das Wort auf einer Wortkarte mit einem <f> an, also: „scha-fen", so fällt sofort auf: Das passt hier nicht! Das Wort fällt aus dem Muster der Reihe. Auch hier finden Kinder zur Lösung: Da braucht man noch einen Konsonanten für das Ende der 1. Silbe. Jedes Wortpaar wird entsprechend überprüft. Die Kinder erfahren so, dass Klang und Schriftbild zusammenpassen müssen.

Dieser Weg fördert zunächst die Einsicht in den sachlogischen Zusammenhang, zum automatisierten Schreiben leistet er noch keinen Beitrag.

Solche Übungen sollten natürlich wiederholt werden. Geeignete Wortpaare zu finden, ist nicht ganz leicht, wenn dabei auch der Langvokal regelmäßig dargestellt werden soll. Paare wie fühlen – füllen; Heer – Herr, Stahl – Stall sind weniger geeignet, weil die bezeichnete Dehnung vom Thema ablenkt. Deshalb seien hier noch einige passende Minimalpaare aufgeführt: raten – Ratten, Gase – Gasse, Hase – hassen, Wal – Wall, Schal – Schall, (Bett-)Laken – Lacke, Haken – hacken, Stiele – Stille[15], riefen – Riffe, schliefen – Schliffe, blöken – Blöcke, bieten – bitten, Düne – dünne.

Der Weg über die Kurzvokalregel

Auch für diese Regel ist die Verbindung von ein- und zweisilbiger Wortform notwendig, da ansonsten *rent legal wäre, da dem kurzen /e/ ja zwei Konsonanten folgen.

Die Modellierung, die zur Einsicht in dieses Erklärungsmuster führt, unterscheidet sich deutlich von der über das Silbengelenk.

Hier muss der Unterschied zwischen Lang- und Kurzvokal vom Kind erfasst werden, z. B. in lauttreuen Wörtern: Mantel – Schwan. Da die Hilfe durch die Silbe fehlt, wird oft eine andere Unterstützung eingesetzt, die der überdeutlichen Dehnung: „Schwaaaaan". Als Kontrollmittel wird ein Gummiband zur Anzeige der Länge genommen. Bei einigen Kindern führt gerade dies zu Übertreibungen, die grundsätzlich eingesetzt werden.

Am Kontrast kann jetzt durch Gegenüberstellung von lang – kurz die Erklärung durch die Kurzvokalfolgeregel ansetzen: „Schwan – Mann; lesen – essen, Brief – Schiff, Ofen – offen, Pudel – Puppe." Bei „Mann" folgen dem <a> nun zwei <nn>, weil das <a> ja kurz klingen soll.

Eine Variante davon ist dieselbe Regel mit dem Schwerpunkt auf zwei Konsonanten: „Nach einem kurzen Vokal kommen immer zwei Konsonanten. Wenn ich nur einen höre, so muss ich diesen verdoppeln." Zur Verdeutlichung eignen sich

15 <ie> ist der regelmäßige Fall der Schreibung des Langvokals.

die folgenden Wortpaare: „Kante/Kanne, Wetter/Welt, Kinn/Kind, Wolle/Wolke, Puppe/Pumpe".

Anzumerken bleibt, dass ohne Rückgriff auf die Silbe die Unterscheidung von Kurz- und Langvokal ausgesprochen schwer zu treffen ist.

Merken einzelner Wörter

Strategieerwerb und die Arbeit über das Merken müssen ja nicht als Glaubensfrage unversöhnlich gegeneinander ausgespielt werden. In der Realität wird das Entdecken von Zusammenhängen immer mit anschließendem Training kombiniert werden. So kann eine Silbenanalyse (s. o.) als Einstiegsstunde verstanden werden, anschließend wird eine Gruppe von Wörtern geübt. Bei Merkprozessen ist der Ausgang vom geschriebenen Wort zentral. Anschließend wird jedes Wort silbisch gesprochen und mit einem kognitiven Zusatz versehen; dies unterstützt das Merken, also: „ren-nen" mit 2 <n>, und später die Verbindung von ein- und zweisilbiger Wortform: „er rennt" mit 2 <n>, weil es von „ren-nen" kommt.

Es werden Wörter mit Mitlautverdopplung und solche mit <ck> und <tz> eine gewisse Zeit geübt, damit sich die Erfahrungen und aufkeimenden Einsichten am konkreten Wortmaterial festigen können. Besonders bedeutend ist dies am Anfang des Lernprozesses, an dem die Kinder noch Schwierigkeiten mit Abstraktionen und Generalisierungen haben. Außerdem scheint es Kinder zu geben, die verstärkt wortspezifisch lernen und weniger dazu neigen zu generalisieren (vgl. Thomé 1999, Spiegel 1999).

3.3.2.4 Geeignete Übungen

Der Aufbau einer generellen Erkenntnis, der Erwerb einer Strategie ist immer ein individueller Prozess, den der Lerner selbstständig durchlaufen muss. Erklärungen, die den Blick auf das Wesentliche erleichtern, die dem Schüler helfen, Muster zu erkennen, müssen angeboten werden. In welcher Weise sie das Kind aufnimmt und wie es diese in seine Vorstellung von den orthografischen Zusammenhängen integriert, ist von außen kaum steuerbar.

Schreiben ist aber nicht ständig ein hypothesenbildender und -prüfender Prozess, jedenfalls nicht auf der bewussten Ebene. Wer ständig komplizierte Proben durchführt, der vergisst, was er eigentlich schreiben wollte. Wer nie angehalten wurde und die Chance erhielt, grundlegende Zusammenhänge zu erkunden, stößt an die Grenzen seiner Merkfähigkeit. In diesem Spannungsfeld möchte ich die Übung nun ansiedeln.

Stärkung der Zusammenhänge

Strategische Einsichten sind immer dann zu gewinnen, wenn die Kinder suchen, ordnen oder vergleichen: Im Zusammenhang mit der Mitlautverdopplung bieten sich zunächst Ausweitungen an, die an oben dargestellte Muster anschließen. Beispielsweise können die Kinder Wörter mit offener Silbe und solche mit durch Mitlautverdopplung geschlossener Silbe in Spalten ordnen oder wiederholt die

Verbindung von einsilbiger und zweisilbiger Wortform herstellen. Zur Differenzierung nach oben eignet sich immer die eigenständige Erweiterung des Wortschatzes.

Es kann aber auch nach neuen Gesichtspunkten gesucht werden und vielleicht nach neuen Ordnungen: Sammeln von Mitlautverdopplungen und ordnen nach dem verdoppelten Mitlaut, z. B. <gg>, <ss>, <ck> und <tz>. Hier werden die Kinder feststellen, dass die Gruppen sehr unterschiedlich groß sind.

Unscharfe Aufgabenstellungen wie die Suche nach „doppelten Buchstaben" erweitern das Blickfeld und decken vielleicht Missverständnisse auf. Zusammensetzungen werden gefunden: verrechnen, annehmen, Stifttasche u. Ä. Es kann auch deutlich werden, dass einige Kinder Konsonant und Vokal mischen und Wörter wie „Haar" oder „Beet" präsentieren.

Als methodischen Weg bietet es sich ab der 3. Klasse auch immer wieder an, kleine „Forschergruppen" einzurichten. Diese können allgemeine Sammelaufgaben ebenso erhalten wie die Aufgabe: „Findet eine Regel heraus!" Es kann auch Aufgabe sein, eine Eselsbrücke überprüfen zu lassen: „Nach l, m, n, r, das merke ja, steht nie tz und nie ck!"

Je nach Aufgabe, kann vorbereitetes Wortmaterial angeboten werden oder die Schüler suchen frei. Die Zusammensetzung der Forschergruppe sollte der Lehrer etwas steuern, so kann es immer wieder gelingen, dass die Kinder voneinander lernen. Der Lerngewinn liegt im Hypothesentesten, nicht unbedingt im Ergebnis. Auch ein sachlich nicht adäquates Resultat sollte unbedingt gewürdigt werden, ohne die Problematik der These zu verschweigen.

Übungen zur Automatisierung

Unter Automatisierung wird hier zweierlei verstanden: Einerseits das Schreiben konkreter Wörter, andererseits die Einübung in Denkhandlungen. Beides wird meist verbunden. Wichtig ist, dass die Kinder beim Schreiben immer silbisch mitsprechen und die besondere Kennzeichnung auch aussprechen („mit 2 nn").

So werden zunächst zweisilbige Wörter mit Mitlautverdopplung herausgesucht, hierzu die einsilbige Form geschrieben, u. U. wird die Beziehung durch einen Pfeil sichtbar gemacht.

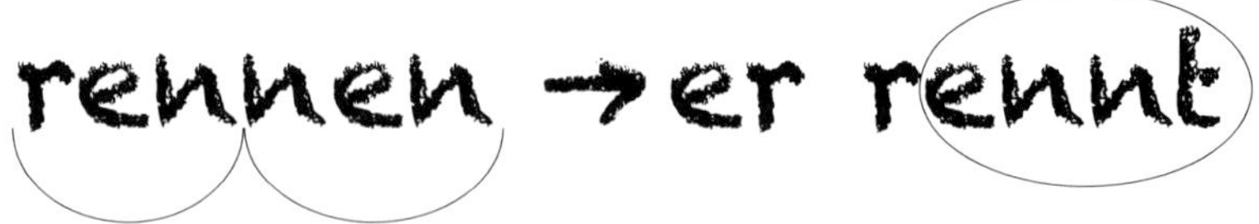

In einer weiteren Übungsphase werden einsilbige Wortformen angeboten, die zweisilbigen müssen von den Kindern ergänzt werden.

Wörter einer Wortfamilie werden zusammengesucht und geordnet: tren-nen, trennbar, Trennung, abgetrennt, Trennwand, Trennungsschmerz, Abtrennung. Bei jüngeren Kindern werden zur Wortfamilie auch noch Flexionen des Wortes gezählt: er trennt, er trennt ab usw.

Zu einem Muster werden möglichst viele Beispiele gesucht, z. B. zu <tz>. Jeden Tag werden zwei Minuten Vertreter dieser Gattung auswendig aufgeschrieben.

Im Falle der Mitlautverdopplung bietet sich die Arbeit mit Reimen an, weil hier keine konkurrierenden Schreibmuster auftreten können (im Gegensatz zur Vokallänge): kennen, rennen, nennen, brennen, trennen usw.

Verbindung zum Verfassen eigener Texte

Die Arbeit an einem sogenannten Rechtschreibfall bedarf der Kopplung an das Verfassen eigener Texte. Dies kann im Vorfeld, also als Teil der Vorbereitung eines Schreibvorhabens, geschehen, im Nachgang bei der Überarbeitung oder sich nach einer Lernstandsanalyse herauskristallisieren.

Um das Üben für die Kinder sinnvoll und einsichtig zu gestalten, muss der Übungszweck immer wieder erfahrbar sein. Dies ist der Fall, wenn Wortmaterial nach inhaltlichen Kriterien für ein späteres Schreibprojekt vorbereitet wird, z. B. „Wir wollen ein Kochbuch schreiben." Hierfür sammeln wir Wörter. Darunter sind auch einige, die eine Mitlautverdopplung enthalten. An diesen wird das Erklärungsmuster wiederholt, diese werden zusammen geübt.

Ein weiterer Bereich ist das Überarbeiten der eigenen Texte. Um Verstöße gegen die Mitlautverdopplung zu finden, ist ein zweimaliger Überarbeitungsprozess nötig. Grundvoraussetzung ist, dass das Kind in der Lage ist, das Silbengelenk zu erfassen. Eingeübt wird das entsprechende Überarbeitungsverhalten an Übungstexten, z. B:

- 1. Schritt: Setzen der Silbenbögen: „Die Sone scheint hel am Himel. Schnel holen Klaus und Peter ihre Fahrräder aus dem Keler. Los geht`s! Fröhlich radeln sie zum Flus."
  In diesem Schritt finden die Kinder: Son-ne, Him-mel, Kel-ler.
- 2. Schritt: Überprüfen der Einsilber durch Verlängerung! Die Kinder müssen alle einsilbigen Formen überprüfen. Würden sie nur die passenden heraussuchen, so wüssten sie ja bereits die Lösung: schei-nen, hel-le, schnel-le, los (geht nicht), Flüs-se. Wie gesagt: Sinn macht diese Überarbeitung nur, wenn die Kinder das Silbengelenk erspüren.

In der Praxis hat es sich bewährt, wenn bei Schwierigkeiten für diese Überprüfung ein Helferkind eingesetzt wurde, ein „Experte für doppelte Mitlaute!". Ein Kind, das bei dieser Probe sicher ist, scheint für ein unsicheres Kind als Modell geeignet zu sein. Jedenfalls habe ich die Erfahrung gemacht, dass der „Experte" immer wieder überflüssig wurde: „Ah, jetzt kann ich es alleine!"

Als Übungsschwerpunkt ergibt sich die Mitlautverdopplung[16] z.B. nach einer Analyse der Fehlschreibungen in den eigenen Heften. Diese Wörter werden nun in die Kartei aufgenommen und geübt. Bei Schülern, die sehr viele Fehler haben, wird der Lehrer bei der Auswahl behilflich sein. Durch solche Aufgaben erfolgt eine Kopplung des rechtschriftlichen Übens an den individuellen Lernprozess.

3.3.2.5 Analyseraster für Verständnisschwierigkeiten bei Schülern

Im Folgenden werde ich vom üblichen Raster abweichen, bzw. diesem einen Grundtest voranstellen. Damit soll überprüft werden, inwieweit das Kind strategisch oder wortbezogen an den Bereich herangeht. Hiervon lassen sich für den ersten Fall die weiteren Förderempfehlungen ableiten.

Problem	Hilfestellung
Schreibt selten Doppelmitlaut.	▸ Kind lernt wortspezifisch: Ein individuelles Übungsregister anlegen, u. U. geordnet nach: <mm>, <nn>, <ck> usw. ▸ Die Liste mit Wörtern beginnen, die das Kind für bedeutsam hält, allmählich aus dem GWS ergänzen. Kurze verteilte Übungen, die Liste immer wieder umschreiben lassen, weil die obersten Wörter am besten gelernt werden. Diese wandern nach unten! ▸ Kind verwendet das Silbengelenk: Silbisches Sprechen forcieren, gemeinsam Beispiele ausprobieren, Unterscheidungsübungen durchführen lassen, automatisches Schreiben von Mustern einüben.
Schreibt zu oft Doppelmitlaut.	▸ Ist eine Übertreibung zu erkennen? Spricht es „hol-len“? Oder kürzt es den Vokal nach der Kurzvokalregel?
Zu häufige Mitlautverdopplung ist nur ein Bereich, es fügt auch andere Zeichen (<ie>, stummes h) zu häufig ein.	▸ Dieses Kind dürfte allgemein verunsichert sein. Dann arbeitet es vielleicht nach dem Motto: „Rechtschreiben ist eh schwierig. Kapier' ich nicht.“ Hier ist es dringend notwendig, das Anspruchsniveau zu senken und Erfolgserlebnisse zu ermöglichen. Eine intensive Arbeit mit lauttreuen Wörtern hilft, wieder den Blick für das Normale und Häufige zu schärfen. Hierfür eignen sich Sortierungsaufgaben.
Insgesamt keine Verwendung von orthografischen Sonderzeichen.	▸ Das Kind hat entweder noch nicht erfasst, dass in der Rechtschreibung mehr zu bedenken ist als die reine Übersetzung der Lautung. Oder es weiß dies zwar, empfindet sich selbst aber als unfähig, diese Zusammenhänge zu erfassen und „hält sich an der lautlichen Verschriftung fest“. Intensive Förderung ist dringend notwendig, da ein sogenanntes alphabetisches Dominanzprofil die schlechteste Prognose für den weiteren Lernfortschritt hat (vgl. May 1996).

16 Sehr gute Erfahrungen habe ich mit der ganz einfachen Frage gemacht: „Wo fühlt ihr euch denn besonders unsicher? Was wollt ihr mal besonders üben?“

Wenn die Kinder „rennen", „Himmel" oder „fallen" sprechen, so ist nicht immer eindeutig wahrnehmbar, ob sie ein Wissen über die Schreibung genau dieser Wörter oder ein intuitives Erfassen des Silbengelenks artikulieren. Ob konkretes Wortwissen oder das Erfassen des Silbengelenks vorliegt, ist aber für weitere Förderentscheidungen von Bedeutung. Nur wenn ein Kind intuitiv in seiner mündlichen Sprache einen Rückhalt hat, aus seiner mündlichen Sprache eine Information gewinnen kann, kann ein korrektes Schreiben des Phänomens abgeleitet werden. Nur dann vermag das Kind zu entscheiden, ob man ein Wort mit oder ohne doppelten Mitlaut schreibt. Findet es keinen Rückhalt in seiner Sprache, so muss eine alternative Erklärung angeboten oder auf wortspezifisches Arbeiten ausgewichen werden.

Um entscheiden zu können, ob ein Kind ein konkretes Wort zufällig kennt oder ob es das Silbengelenk artikuliert, bietet es sich an, mit Kunstwörtern zu arbeiten. Diese kann es nicht kennen. So diktiert der Lehrer: „tenen staffen plommen, stafen, tennen, plomen." Das Kind wird aufgefordert, in Silben mitzusprechen. Mithilfe einer solchen Untersuchung gelingt die Diagnose aussagekräftiger.

3.4 Der gleiche Wortstamm (morphologisches Prinzip)

Im Deutschen wird das schnelle Lesen dadurch erleichert, dass Wortstämme meist gleich geschrieben werden (raten, Rätsel, Ratsversammlung). Damit weist die Schreibung von Wortstämmen größere Ähnlichkeit auf als die Lautung. Für das schnelle Lesen ist also keine lautliche Rekodierung nötig, sondern dem Wort als Ganzes kann durch den versierten Leser der Sinn entnommen werden. Diesen Grundzusammenhang: Gleiche Bedeutung – gleiche Schreibweise müssen die Kinder verinnerlichen. Ein Weg hierzu ist das implizite Lernen mit den Wortkarten, auf denen ja schon immer zwei Wortformen miteinander verbunden sind (raten, er rät) und außerdem Vertreter der Wortfamilie auf der Rückseite notiert werden (können). Mit dieser Wortarbeit ist schon ein ganz entscheidender Beitrag zum Erkennen der Morphemkonstanz geleistet. Darüber hinaus sollten die Zusammenhänge den Kindern auch explizit vor Augen geführt werden, indem sie in den Mittelpunkt spezieller Betrachtung gestellt werden.

3.4.1 Der Hunt lekt sich: Auslautverhärtung und kombinatorische Verhärtung

3.4.1.1 Überblick über die Sachlage

Auch der interpretationserfahrene Lehrer wird kaum in der Lage sein zu entscheiden, ob hier gemeint ist, dass sich der Hund hinlegt oder ob er sich ableckt. Das Beispiel ist so gewählt, dass die Verhärtung der Verben im Mittelpunkt steht, weil diese in Sprachbüchern und Materialien stiefmütterlicher behandelt wurde als die Auslautverhärtung am Ende von Nomen und Adjektiven. Die Sachzusammenhänge sind bei beiden gleich: In der einsilbigen Wortform spricht man /p/, /t/, /k/, in der zweisilbigen Wortform klingen /b/, /d/, /g/. Im Zentrum stehen folgende Fälle (siehe Tabelle S. 92).

Beispiel	Erklärung
/p/, /t/, /k/ wird zu <b>, <d>, <g>	gelb – gelbe, Hund – Hunde, klug – kluge: Bei Nomen und Adjektiven ist diese Probe (fast) durchgängig realisierbar. Nur bei wenigen Vertretern lässt sich kein Plural bilden, z. B. „Sand"; manchmal hilft hier die Überschreitung der Wortart: „san-dig".
/p/, /k/ wird zu /b/, /g/	Bei Verben ist nicht die Grundform, sondern die Flexion betroffen: er lebt /lept/ – leben, er fragt /frakt/ – fragen. Durch das /t/ werden die Konsonanten verhärtet, deshalb der Fachausdruck „kombinatorische Verhärtung". Fälle mit /d/ im Wortstamm erhalten eine weitere Silbe: reden – er redet. Ausnahmen: werden (er wird), sein (wir/sie sind).
Präteritum der starken Verben	Bei der Flexion der starken Verben gibt es Formen wie: band, log, gab. Auch hier spricht man /t/, /k/ und /p/. Die adäquate Hilfestellung ist hier die Form mit „wir" (banden, logen, gaben; s. Kap. 3.6.3.1).
Häufige, nicht verlängerbare Wörter	„und, ab, ob, irgend"; außerdem „Obst" und „Herbst" Diese müssen gemerkt werden.

Wenn die Unterscheidung der Schreibung mit <s> und <ß> durch die Unterscheidung von stimmhaftem und stimmlosem /s/-Laut erarbeitet wird, so können Fehler wie *er ließt, statt „er liest" auftreten. So muss auch hier mit der Verlängerung gearbeitet werden. Diese Unterscheidungsfähigkeit ist aber stark von der Sprachregion abhängig.

Außerdem muss bei Wortzusammensetzungen mit entsprechenden Phänomenen gerechnet werden, z. B. Wegweiser; dies gilt auch da, wo die problematische Stelle beim Lexem durch seine Stellung vor Vokal unproblematisch erscheint, z. B. Erd-kugel – bei Erde folgt ja das /e/. Dies sind im Rahmen des Grundschulunterrichts aber schon die diffizileren Fälle.

3.4.1.2 Verschiedene Wege als Lernangebot

		Verständnis der Schüler	
Lehrweg	**Sachanalyse**	**Positive Aspekte**	**Negative Aspekte**
Verlängerung (= der Hauptweg)	weitgehend ohne Ausnahme (s. o.)	regelhaft anwendbar	Setzt lautliche Unterscheidungsfähigkeit voraus und verlangt Aufmerksamkeit.
Sammlung von Einzelfällen	sehr umfangreiche Liste	Nur für die Ausnahmen geeignet oder als erste Begegnung.	Verstellt den Zusammenhang auf generelles Phänomen.
Arbeit mit Reimen	Reim birgt Gefahren: Hund – bunt	bestenfalls für den Lernanfang geeignet	Reimen darf nicht als Lösungshilfe verstanden werden.

bewusste Alternativentscheidung: <g> oder <k>, <d> oder <t>?	weitgehend ohne Ausnahme möglich	Eher für den fortgeschrittenen Lernprozess geeignet, da Problembewusstsein Voraussetzung ist.	Setzt lautliche Unterscheidungsfähigkeit voraus.
Ausweitung auf Zusammensetzungen	ohne Ausnahme, Spezialfall, bzw. Anwendung der Arbeit mit Vorsilben	Eher für den fortgeschrittenen Lernprozess geeignet.	Verlangt eine hohe Abstraktionsfähigkeit.

3.4.1.3 Schrittweises Entwickeln des Verständnisses

Im Zentrum steht die Verbindung von ein- und zweisilbiger Wortform. Da es sich hier um einen grundlegenden Bereich der Orthografie handelt, muss das Verständnis der Gleichschreibung des Wortstammes früher oder später vom Lerner erworben werden. Andernfalls wird seine Schreibung fehlerhaft bleiben.

Erstbegegnung

Der Lehrer sammelt einige Schreibweisen aus Schülerarbeiten und schreibt diese fehlerhaft (ohne Markierung der Fehlerstelle!) an die Tafel. Die Schüler nennen ihre Vermutungen. Eine vorzeitige Fokussierung auf den Unterrichtsschwerpunkt birgt zweierlei Gefahren:

- Einige Kinder verharren bei ihren Überlegungen und versäumen den relevanten Zusammenhang.
- Der Lehrer erkennt das Vorwissen und die Sichtweisen der Schüler nicht.

Die erste Thematisierung dieses Zusammenhanges liegt in der 1. Hälfte des 2. Schuljahres. Hier sind immer einige Kinder noch nicht so weit, den Zusammenhang sicher zu verstehen. Dies ist aber kein Argument gegen eine Behandlung, weil:

- Für einen Großteil der Schüler ist dieser Zusammenhang erfassbar und hilft dem Weiterlernen. Auch diese Schüler haben ein Recht auf Unterstützung.
- Die Besprechung und die entsprechenden Übungen können weiterführende Einsichten anstoßen, eigenständige Entdeckungen ermöglichen, ohne dass der Lehrer dies wahrnimmt.
- Die Kinder, die mit dem regelhaften Verständnis noch überfordert sind, können trotzdem Erkenntnisse gewinnen, auch wenn diese im zwar nebulösen, aber notwendigen Vorverstehen steckenbleiben, z. B.: „Aha, da gibt es eine Regel." Oder: „Die verbinden die einsilbige mit der zweisilbigen Wortform."
- Auf der Ebene der Einzelwortschreibung werden die meisten Kinder profitieren. Sie behalten dann: So schreibt man „Kind" und „Hund".

Die Wortsammlung an der Tafel sieht vielleicht so aus: *Kint, *Hunt, er *sakt, er *lept, *Tak, *wenik (letzteres wahlweise: *Tach, *wenich). Nachdem einige Kinder nach einem Thema, einem Impuls für eine Geschichte gesucht haben, oder an Groß- und Kleinschreibung gedacht haben, wird klargestellt, dass man alle diese

Wörter mit einem anderen Buchstaben schreibt als dies die Kinder getan haben. Nun werden alle Alternativen der Kinder gesammelt, z. B. „Kient, Kind". Auch die Hypothese *Kient wird gewürdigt, der Irrtum deutlich gemacht. Nach einer Runde des Ausschlusses aller falschen Hypothesen stehen sich die fehlerhaften Schreibungen und die richtigen gegenüber: Die erste Erkenntnis ist: Ich höre /kint/, aber ich muss ein <d> schreiben. Zentral an dieser Stelle ist, dass den Kindern ganz klar ist, dass man beim Sprechen oder Abhören nur /kint/ hört. Es sind also keine „dummen" Fehler, sondern ganz logische. Damit diese in Zukunft nicht mehr passieren, wollen wir nun eine Regel suchen.

Diese Suche kann gut in die Gruppen gegeben werden. Für diese Sucharbeit ist weniger das Ergebnis von Bedeutung, sondern der Prozess des Suchens und sich gegenseitig Austauschens. Für den Lehrer lohnt es sich auch hier, den Vorschlägen der Schüler zu lauschen. Einige Hypothesen werden nun gesammelt, die einzig Tragende wird bleiben, nachdem alle Beispiele durchprobiert wurden: Wenn ich das Wort lang mache, dann höre ich /d/, /b/, /g/.

Für die Erstbegegnung ist noch keine Festlegung auf die Wortart anzuraten, damit der grundlegende Zusammenhang deutlich wird: Bei Zweisilbigkeit der Wortform ist die Schreibung zu hören. Auch wird im Anfangsstadium des Lernens noch keine Gegenüberstellung erfolgen: <d> oder <t> am Wortende (s. u.).

Arbeit mit Wortarten

Zu einem späteren Zeitpunkt sollte die Thematik wiederholt werden und zwar in Zusammenhang mit Signalgruppen und vor allem mit Wortarten. Signalgruppenlernen bedarf weniger analytischer Anstrengung und kommt dadurch manchen Kindern entgegen. Wenn Wörter wie „Hand, Land, Rand, Sand, Wand, Strand" oder „rund, Pfund, Mund, Hund, Grund, Stund" zusammengefasst und hieraus lustige Sätze gebildet werden, so werden sich einige Kinder diese Wörter gut merken. Aber auch bei diesen Übungen sollte die Verbindung zur zweisilbigen Wortform hergestellt werden. Gerade die letzte Reihe zeigt, dass ein unreflektiertes Reimen in die Irre führt (bunt).

Eine Zusammenfassung der Wörter nach der Wortart bietet sich an, weil hier die Verbindung der beiden Wortformen konkretisiert werden kann: Beim Nomen hilft die Verbindung Einzahl – Mehrzahl, beim Verb die Grundform zur „er-Form" und beim Adjektiv die gebeugte Form. So wird die Wortschreibung gesichert und gleichzeitig die Fähigkeit Wortarten zu unterscheiden. Außerdem – und dies halte ich für besonders bedeutend! – wird die gedankliche Verbindung zweier Wortformen trainiert und in ihrem Erklärungswert verdeutlicht.

Alternativentscheidung

Sind die Grundlagen gelegt, so kann die Alternativentscheidung im Zentrum stehen: Schreibe ich <b> oder <p>, <g> oder <k>, <d> oder <t>? Dies ist hauptsächlich aus zweierlei Gründen nötig:

- In der realen Schreibsituation stellt sich die Frage als Alternative: Schreibe ich <d> oder <t>? Genau für diese Unsicherheit muss Hilfestellung gegeben werden.
- Einige Kinder haben übergeneralisiert: Sie meinen, **immer** dann, wenn man /p/, /k/ oder /t/ hört, müsse man <b>, <g> oder <d> schreiben. Besonders die Häufigkeit des <d> am Wortende führt bei manchen Kindern sogar dazu, dass sie die 3. Person Singular (er *kaufd) schreiben.

Methodisch bietet sich der Ausgang vom Entscheidungsprozess an:
„Ein toller Tag/k!", ruft Andi. „Mutti hat erlaub/pt, dass ich auf die Schulparty gehe!".

Es gib/pt Saft/d, die Musik/g spielt laud/t und alle tanzen. Daheim frag/kt Mutti: „Wie war's?"

„Stark/g und wilt/d! Jetzt bin ich fertig/k!"

Die Entscheidungsstrategie ist den Kindern ja grundsätzlich bekannt. Es gilt, sie zu benennen und anzuwenden.

Zur Sicherung sollen die Kinder solche Wörter aus Grundwortschatzlisten oder Wörterbüchern heraussuchen, wobei die Ordnung nach „weichen" und „harten" Lauten und die nach Wortarten durchaus sinnvoll ist. Nachdem in der Klasse in arbeitsteiliger Gruppenarbeit Wortlisten nach folgendem Muster[17] erstellt worden sind, können die Kinder erkennen, dass es für einige Fälle nur wenige oder gar keine Beispiele gibt.

Nomen mit d am Ende	**Nomen mit b am Ende**	**Nomen mit g am Ende**

Nomen mit t am Ende	**Nomen mit p am Ende**	**Nomen mit k am Ende**

Verben mit d in der Mitte	**Verben mit b in der Mitte**	**Verben mit g in der Mitte**

Zur Anwendung und Übung können nun die Kinder mithilfe dieser Listen selbst für ihre Klassenkameraden nach dem Beispiel des Einführungstextes Übungstexte erstellen. Dass hier vollkommene rechtschriftliche Richtigkeit und eine ansprechende äußere Form notwendig sind, ergibt sich aus der Verwendung der Texte.

17 Bei Verben empfiehlt es sich, die flektierte Form mit anzugeben.

Zusammensetzungen

Den Bereich der Zusammensetzungen mit Vor- und Nachsilben vermögen die Kinder sehr gut selbst zu erkunden. Spezielle Schwierigkeiten im Zusammenhang mit der Verhärtung bergen folgende Silben:

Vorsilben	Nachsilben
ab-, weg-;	-ig
Im Rahmen des Grundschulunterrichts eher randständig: ent- wird mit end- (von Ende) verwechselt; fremdsprachliche Suffixe, wie -and / -ant oder -id / -it (Oxid/ Dynamit)	

Daneben bereiten vor allem Zusammensetzungen Probleme, bei denen ein Wort eine Verhärtung enthält, z. B. Wegweiser. Noch akuter wird der Fall, wenn durch die Komposition ein neuer Laut möglich ist: Geburt-s-tag (/geburztak/). Die Auseinandersetzung mit solchen Kniffelfällen sind Differenzierungsaufgaben für die leistungsstärkeren Schüler. Diese auf die Suche zu schicken und entsprechendes Material für die Klasse erstellen zu lassen, entlastet den Lehrer und befriedigt das Forscherinteresse dieser Schüler. (Zur generellen Arbeit mit Zusammensetzungen s. Kap. 3.4.3.)

3.4.1.4 Geeignete Übungen

Für diesen Bereich befindet sich im Handel sehr viel Unterrichts- und Übungsmaterial. Bei der Auswahl sollte auf zweierlei geachtet werden:

- Am Anfang des Lernprozesses sollten häufige Wörter im Mittelpunkt stehen und die Erklärungsform immer explizit aufgeführt sein oder von den Schülern aufgeführt werden, z. B: Hund*, mit <d> wegen Hunde*.
- Geben Sie Unterscheidungsaufgaben, so muss sichergestellt sein, dass die Kinder klar erkennen: Diese Unterscheidung ist nur in der einsilbigen Wortform nicht zu hören. Wenn dies nicht gegeben ist oder Kinder grundlegende Unterscheidungsschwierigkeiten durch Lenisierung (das heißt die Kinder sprechen auch an anderer Wortstelle /d/ statt /t/, z. B. /doll/) in der mündlichen Sprache haben, führt dieser Bereich leicht zur Konfusion. Sind diese Grundlagen aber gelegt, so braucht von solchen Aufgaben keine Ranschburgsche Hemmung befürchtet werden, da es sich hier ja nicht um Merkprozesse handelt, sondern eine klare Entscheidungsfrage gestellt werden kann.

Immer noch aus Angst vor dem Einprägen von Fehlern werden selten Fehlertexte angeboten.

Zu Übungszwecken bietet es sich immer an, die Schwierigkeit zu isolieren. Im fortgeschrittenen Lernprozess sollten aber auch Kombinationen eingeführt werden, da die Kinder bei der Verbesserung ihrer eigenen Texte meist auch nicht nur einen Fehlerschwerpunkt haben. Ausgang ist bei Verbesserungen die Operation, die zum Auffinden des Fehlers führen kann, also: Zur einsilbigen Wortform eine zweisilbige hinzufügen. Diese Operation ist so grundlegend, dass sie eingeübt werden muss. Dies entspricht ja auch dem Lernvorgang: Wenn die Kinder die Auslautverhärtung schon automatisiert hätten, dann wäre die Übung ja überflüssig. In der Realität kennen sie die Operation zwar, wenden sie aber nicht an, weil die Aufmerksamkeit auf Inhaltliches gerichtet ist oder ganz fehlt. Deshalb steht bei der Überarbeitung die Operation, die dieses Problem aufdeckt, im Mittelpunkt. Hier werden zwei Kombinationstexte exemplarisch vorgestellt, ein Text mit isolierter Schwierigkeit fand sich oben.

Angst

Mit meinem freunt gehe ich am Abent über das Felt. Langsam wird es dunkel. Steht da ein Pfert, ein Elfant oder ein Hunt? Es ist Nacht und wir rennen schnell heim.

Das tun die Kinder im Klasssenzimmer

Tina zeikt Petra ihr Heft. Klaus rent durch das Zimmer. Rita komt zu spät. Margit üpt rechnen. Walter schreipt eine Geschichte. Hans stelt die Pflanzen in die Sonne. Ina rolt eine Kugel. Irgendwo piept ein Wecker. Findest du ihn?

Die Texte sind so gestaltet, dass ein und dieselbe Operation zum Erkennen der Fehler führt: Beim ersten Text können mithilfe der Bildung von Ein- und Mehrzahl sowohl die Nomen erkannt werden als auch die Auslautverhärtung. Beim zweiten Text müssen alle Verben verlängert werden. Hier kann über das Silbengelenk die Mitlautverdopplung erkannt werden und ebenso die kombinatorische Verhärtung. In beiden Fällen sind auch Alternativen eingebaut, damit die Kinder nicht schematisch arbeiten, bzw. Übergeneralisierungen deutlich werden.

Beim Üben ist auch immer die Arbeit mit der Wortfamilie sinnvoll, da das grundlegende Prinzip mit dem konkreten Fall verbunden werden kann. Weitreichende Wortfamilien bieten z. B.:

- Hand: handlich, Handschuh, Handtasche, Handball, Handarbeit, Linkshänder, Rechtshänder usw.
- Rad: Radwechsel, Radkappe, radeln, Radsport, Fahrrad, Fahrradhelm usw.
- Rat: raten, verraten, abraten, Rätsel, rätselhaft, rätseln, Rätselzeitschrift, Ratschlag, Ratschluss, Rathaus (was wäre ein Radhaus?) usw.
- Tag: täglich, Geburtstag, Feiertag, Festtag, Wochentag, Mittag, tagaus, tagein, heutzutage, tagelang (die letzten Beispiele zeigen eine spezielle Form der Bildung: Wörter, die mit „Tag" beginnen, verfügen über ein Fugen-/e/ oder /-es/: Tagebuch, Tagesablauf. Dieser Unterschied kann für die Kinder eine Entdeckungsaufgabe darstellen!)

Neben dem Suchen verwandter Wörter können die Kinder den Wortstamm immer in einer Farbe nachspuren, um den Zusammenhang auch optisch deutlich zu machen. Auch die Trennung von Zusammensetzungen ist hier eine Standardaufgabe.

3.4.1.5 Analyseraster für Verständnisschwierigkeiten bei Schülern

Problem	Hilfestellung
Übergeneralisierung: Wenn ich hinten /t/ … höre, schreibe ich immer <d>.	▸ Das Kind hat einen wichtigen Teil der Regel noch nicht verstanden: Nur wenn die zweisilbige Wortform ein /d/ enthält. ▸ Konfrontation mit Wörtern wie: rot, bunt, Anorak, stark u. Ä.
Schreibt auch bei Verben in der 3. Person Singular. <d>: er *baud	▸ Übergeneralisierung der Auslautregel ▸ Reihenbildung von Verben in der entsprechenden Form (Ausnahme: „wird, sind").
Umgekehrte Übergeneralisierung: Das Präteritum einiger starker Verben wird mit <t> geschrieben!	▸ Die Verbformen: fand, verschwand, stand usw. werden in Analogie zum Präsens mit <t> geschrieben. ▸ Da dies meist eine Übergeneralisierung leistungsstärkerer Schüler ist, genügt es, die begrenzte Anzahl und Zeitform bewusst zu machen.
grundlegende Unterscheidungsschwierigkeiten von /p/, /t/, /k/, und /b/, /d/, /g/	▸ Ein Kind, das keinen oder nur einen geringen Hinweis in seiner mündlichen Sprache auf die Verwendung der Plosive findet, das nicht weiß, ob man Kapuze oder *Gabuze spricht, dem hilft die Verlängerung auch nicht. Hier muss zuerst eine Fundierung der Lautung erlangt werden.

3.4.2 Von Heschen hinter Beumen: Umlautung

Das Titelbeispiel zeigt wiederum, wie lesefreundlich die korrekte Schreibweise ist. Grundsätzlich gelten hier dieselben unterrichtlichen Methoden wie bei der Verhärtung: Zentral sind die Verbindung von Grundform und Flexion bei der einfachen Umlautung und die Arbeit mit Wortfamilien bei komplexeren Umlautungen. Als immer wiederkehrende Übung sollte die farbliche Markierung des Wortstammes in der Wortfamilie den Zusammenhang deutlich machen. Im Anschluss an die Darstellung der Sachlage werden nur die wichtigsten Grundlagen zusammengefasst. Die Schwierigkeiten der Kinder ergeben sich aus dem Nichtbeachten, bzw. Nichtverstehen der Regularitäten.

3.4.2.1 Überblick über die Sachlage

Unter Umlautung ist der lautliche Wechsel des Vokals bei der Flexion eines Wortes zu verstehen: Fuß – Füße, hoch – höher, Hand – Hände, laufen – er läuft. Allerdings sind nur die letzten beiden Fälle fehlerträchtig, da hier Verwechslungsmöglichkeiten zu <e> oder <eu> bestehen. Aus diesem Grund stehen diese Fälle im Zentrum der Betrachtung.

Die Umlautung lässt sich einteilen in die einfache Umlautung, die innerhalb eines Wortes stattfindet, also durch Flexion: Haus – Häuser. Daneben gibt es aber auch die Umlautung, die eine Rückführung in eine andere Wortart notwendig macht, wo also mit der Wortfamilie gearbeitet werden muss: häuslich – Haus.

Beispiel	Erklärung
Umlautung: u/ü, o/ö, a/ä, au/äu	Bei u/ü und o/ö gibt es die Umlautung des Wortstammes ebenso, wie Wörter mit dem entsprechenden Umlaut ohne Rückbezug auf ein Wort mit u oder o: schön, dünn. Bei <äu> ist dies nur Säule, bei <ä> gibt es einige Vertreter: Lärm, Geländer (s. Kap. 3.5.1). Diese sind, da fehlerträchtig, als Merkschreibungen zu behandeln.
einfache Umlautung bei Nomen, Verb und Adjektiv	Allein durch die Flexion des Wortes ergibt sich der Umlaut: Baum – Bäume, Rad – Räder, halten – er hält, laufen – er läuft, hart – härter (kein Beispiel für au/äu bei Adjektiven).
Umlautung bei Verkleinerung	Es gibt bei den Nomen einige Wörter auf /a, au/, die auch die Mehrzahl auf /a, au/ bilden, aber die Verkleinerung auf /ä, äu/, z. B. Nase – Nasen – Näslein, Auge – Augen – Äuglein, Schraube – Schrauben – Schräublein. Insgesamt sind es aber nicht viele Fälle.
Umlautung durch Rückführung auf eine andere Wortart	Hier lassen sich unterschiedliche Komplexitätsgrade feststellen: Zu „kaufen" gibt es den Käufer, Verkäufer, die Verkäuferin, käuflich usw. Hier ist die Verwandtschaft noch gut zu erkennen. Schwieriger wird es bei nähen – Naht oder lächeln – lachen, da den Kindern die Verwandtschaft u. U. nicht bewusst ist.
Rückumlautung bei Verben führt nicht zur Schreibung <ä>	Der Fehler ist sicher nicht sehr häufig, der Irrtum könnte aber auftreten: sterben – er starb (irrtümlich *stärben, weil in der Ablautreihe ein Wort mit <a> ist, wird der Stamm mit <ä> geschrieben) Ähnlich: nennen – er nannte; rennen – er rannte usw.

3.4.2.2 Aufbau der Unterrichtseinheit

Wenn hier ein Aufbau vom „Leichten zum Schweren" vorgeschlagen wird, so sollte eine sachlogische Grundlegung eine spätere Verwirrung unwahrscheinlicher machen. Nicht zu verstehen ist dies als „Lehrgang", dem zu folgen sei. Aus natürlichen Schreibnotwendigkeiten wird sich immer wieder eine Arbeit mit Wortfamilien ergeben, die nicht erst dann einsetzen sollte, wenn alle anderen Grundlagen gesichert sind. Hier ist immer wieder exemplarisch und situativ zu arbeiten. Einige Grundsätze sind aber zu bedenken:

- Die Umlautung sollte schon bei der Erarbeitung der Grapheme <ä>, <äu> als „Verwandlungs-ä/äu" eingeführt werden. Da dies die Hauptverwendung ist, sollte sie auch im Zentrum stehen (also nicht: Bär, Mädchen, Säule s. Kap. 3.5.1): Ast – Äste, Gans – Gänse, Baum – Bäume, Traum – Träume usw.
- Im Zusammenhang mit der Wortschatzarbeit in der Lernwörterkartei sollten die ersten Übungen zusammen mit u/ü, o/ö erfolgen. Auch wenn diese nicht fehlerträchtig sind, so stellt es a/ä, au/äu hierdurch in den sachlogisch richtigen Zusammenhang. Dies könnte das Erkennen des Grundprinzips erleichtern.
- Ist der grundlegende Zusammenhang gefestigt, so kann den Kindern eine Suchaufgabe weiterhelfen: Wir suchen Wörter mit <ü>, <ö>, <ä> und <äu> und ordnen sie danach, ob ein verwandtes Wort mit den entsprechenden Vo-

kalen gefunden werden kann. So erfahren die Kinder die Reichweite, aber auch, dass nicht alle Wörter ableitbar sind. Außerdem bekommen sie durch unterschiedliche Erklärungsweisen anderer Kinder eine erste Ahnung davon, dass verwandte Wörter durch Überschreitung der Wortartgrenze abgeleitet werden können. Kinder formulieren das dann so: „Ein Läufer ist einer, der schnell laufen kann."

- Die Arbeit mit der Wortfamilie sollte Unterrichtsprinzip sein. Ausgehend vom bedeutungsgeleiteten Sammeln der gesamten Klasse geht man zum Analysieren und konstruierenden Probieren über. Dabei wird man umlautende Wortstämme wie andere (Merk-)Schreibungen behandeln (s. Kap. 3.4.3).

3.4.3 „7 auf einen Streich": Mit Wortbausteinen arbeiten

Das grundlegende Prinzip der Gleichschreibung des Wortstammes ist so bedeutend, dass es „zweckfrei" immer wieder in den Blick genommen werden muss. Was ist mit „zweckfrei" gemeint? In den beiden letzten Kapiteln wurde das morphologische Prinzip herangezogen, um die Verhärtung und Umlautung zu erläutern, also um konkrete, häufige Fehlschreibungen zu vermeiden. Grundsätzlicher und weitreichender ist die Arbeit mit Wortbausteinen dann, wenn damit nicht eine konkrete Schreibung erklärt werden soll, sondern das Baukastenprinzip der Sprache erfahren wird. Hierbei stehen Aufgaben des Sammelns und Ordnens im Zentrum. Durch immer wieder ähnliche und gleiche Aufgaben entsteht Sicherheit im Umgang mit Vor- und Nachsilben und den Wortarten. Zweckfrei bedeutet dabei auch, dass nicht nur Wortstämme, die eine Schwierigkeit beinhalten, sondern auch „einfache" Wortstämme auf ihre Reichweite hin überprüft werden, z.B. „hol": holen, Erholung, erholsam, wiederholen, abholen, wegholen, Wiederholung.

Der Umgang mit den unterschiedlichen Bauelementen der Wortbildung ist einerseits deshalb so hilfreich, weil die meisten Wörter der deutschen Sprache durch diese Elemente gebildet sind. Andererseits unterstützt ein stetig in den Lernprozess integriertes Probieren und Versuchen mit der Wortfamilie das intuitive Lernen der Kinder.

3.4.3.1 Überblick über die Sachlage

Im Deutschen gibt es zwei Hauptarten der Wortbildung: Einerseits die Zusammensetzungen verschiedener Wortstämme: „Haustür, bildschön", andererseits die Verbindung mit unselbstständigen Wortbildungsmitteln:

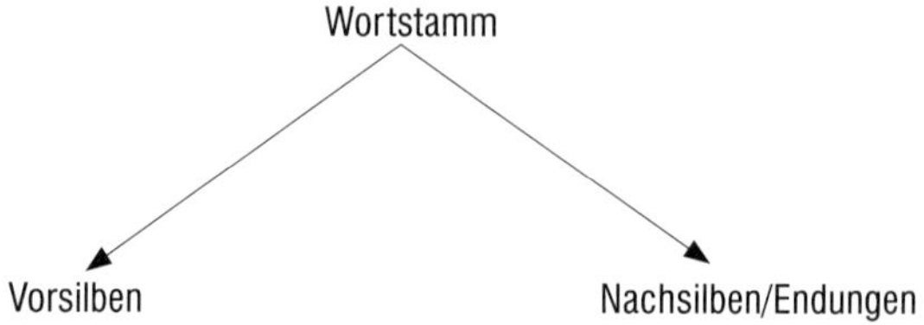

Letzteres soll am Beispiel „holen" deutlich gemacht werden:

- Es gibt einen Stamm: „hol", dieser ist in allen Wörtern gleich.
- Es gibt Vorsilben: er-, ab-, wieder-, weg-. Hier ist die Bezeichnung „Vorsilbe" unproblematisch, weil sie tatsächlich eine Silbe ist und vor dem Wortstamm steht.
- Es gibt „Nachsilben": -sam ist eine echte Silbe, die am Zeilenende genau so abtrennbar ist; -ung ist das häufigste Suffix zur Bildung von Nomen aus Verben mit einem Präfix (= Vorsilbe); -en ist eine Endung für den Infinitiv.

Schon aus der Wortwahl (Suffix) wird deutlich: Mit den Wortbildungselementen am Ende der Wörter gibt es ein Bezeichnungsproblem, das zu Missverständnissen führen kann. Das, was wir als Nach**silben** bezeichnen, sind nicht immer Silben in dem Sinne, dass sie am Zeilenende auch abgetrennt werden könnten, hierzu wird mitunter noch der letzte Konsonant des Wortstammes benötigt: Er-ho-lung. Es sind Wortbausteine. Als Endung bezeichnet man die hinteren Teile eines Wortes, die sich bei der Flexion (Beugung) eines Wortes ändern. Die Wortwahl für den Unterricht ist ja von unterschiedlichen Faktoren abhängig (Sprachbuch, andere Lehrmittel, Usus anderer Lehrer u. Ä.); wichtig erscheint mir nur das Bewusstsein des Lehrers: Er muss wissen, dass die Bezeichnung zu Missverständnissen Anlass geben kann. Hilfreich ist hier immer das ausführliche Gespräch mit den Kindern über die Bezeichnung. Nach einer entsprechenden Diskussion wird die Begrifflichkeit zu dem, was sie ist: Ein gemeinsam vereinbartes Kürzel, ein Sammelbegriff mit Nachteilen und Unschärfen zum Zwecke der Verständigung.

Im Folgenden werden die verschiedenen grundschulrelevanten Bereiche der Wortbildung im Überblick aufgeführt und die entsprechenden Schwierigkeiten kommentiert.

Beispiel	**Erklärung**
Flexion von Wörtern	Bei der Beugung ist eine Betrachtung von Wortstamm und Endung sinnvoll, dies geschieht vorwiegend im Zusammenhang mit der Betrachtung der Wortarten, also unter grammatikalischem Aspekt. Unter rechtschriftlichem Aspekt ist von Bedeutung: Meist werden dem Wortstamm Endungen hinzugefügt: ich leg-e, du leg-st usw. Bei den Verben verschwindet das <s> der Endung <st> der 2. Person Singular (du) bei <ß, s, x, z> im Wortstamm: du liest (wie: er liest), du heißt, du heizt, du hext; außerdem wird beim Plural von Nomen, die auf <e> enden nicht <-en> angefügt, sondern ein <e> getilgt: Seen. Insgesamt sind dies aber Randbereiche.
typische Flexionen: Verhärtung/Umlautung	Diese Bereiche sind in den Kap. 3.4.1 und 3.4.2 ausführlich dargestellt.
Zusammensetzungen von Wörtern	Die häufigsten Wortzusammensetzungen sind bei den Nomen anzutreffen. Dabei kann es vor allem an der Fuge des Wortes zu Problemen kommen: *Geburztag: Das Fugen-s wird mit dem /t/ verschmolzen, *Fahrad: Die aneinander stoßenden Konsonanten werden nicht erkannt, *Taktraum: Die Auslautverhärtung wird durch fehlende Trennung der Bestandteile nicht erkannt.

Beispiel	Erklärung
Zusammensetzungen mit Präfixen und Suffixen	Im Duden ist von „200 unselbstständigen Wortbildungsmitteln" (Duden, Band 4, 1995, S. 399) die Rede. In den folgenden Spalten werden die häufigsten nach Wortarten geordnet aufgeführt, die rechtschreibrelevante Stelle ist fett gedruckt.
Nomen	Un-, Mi**ss**-, Ge- (ohne h!); außerdem alle Vorsilben der Ableitung von anderen Wortarten, hauptsächlich der Verben (**er**holen – **Er**holung) -er (Läuf-er), -ler, -ner, -ling, -ung, -heit, -keit, (-**er**)ei (Mal-er-ei: bei silbischer Betonung kann hier das <rr> fälschlich verdoppelt werden) -chen, -lein, -in (-**inn**en), -nis (-ni**ss**e), -schaft, -tum, -zeu**g**, -ma**nn**
Verben	**v**er-, be-, en**t**-, er-, zer-, mi**ss**-, in- a**b**-, aus-, an-, ein-, auf-, durch-, um-, über-, unter-, vor-, nach-, zu-, mit-, los- Nachsilben gibt es bei deutschstämmigen Verben selten, vorwiegend Endungen: -e, -st, -t, usw. Durch Ableitung können entstehen -igen (beschönigen), -eln (fremdeln) oder häufiger bei fremdsprachlicher Herkunft -ieren (sympathisieren)
Adjektive	un-, **v**er-, **v**or-, ur- (kein h!), super-, mi**ss**- -i**g**, -li**ch** (u.U. in einigen Dialektregionen problematisch), -haft, -ba**r**, -sam, -los, -isch, -fest, -echt, -(-er)n, -l**ee**r, -m**äßig**, -**voll**
Unterscheidungs-schreibung	Für die Kinder oft verwirrend, aber sachlogisch: Gleichklingende, aber bedeutungsunterschiedliche, Wortstämme werden (manchmal!) verschieden geschrieben: Moor – Mohr, beten – das Beet, Wahl – Wal, mehr – Meer usw. Daneben gibt es aber auch viele Gleichschreibungen, sogenannte „Teekessel-wörter": Ton, Krone, Strauß, Strom usw.
„Ausnahmen" des morphologischen Prinzips	Bei diesen „Ausnahmen" sind nur die starken Verben von Bedeutung für das Schreiben der Kinder, die letzten zwei Bereiche sind Randbereiche!
starke Verben	Die Ablautreihen der starken Verben werden nach der Lautung, nicht nach der Gleichschreibung des Wortstammes geschrieben: kommen – er kam (sehr häufiger Fehler: er *kamm). Beim Lesen müsste man es dann aber kurz sprechen (weitere Beispiele s. Kap. 3.6.3).
Verlust von Buchsta-ben	(s. Flexion oben), außerdem: Bei Umlautung von Wortstämmen mit doppelten Selbstlauten entfällt ein Vokal: Haar – Härchen, Boot – Bötchen.
unregelmäßige Wortstämme	blühen – die Blüte, brennen – der Brand, packen – Paket (Betonungswechsel) Eltern (von „alt" abgeleitet) gilt ebenfalls als Ausnahme, erscheint aber kaum fehlerträchtig. Generell gilt hier: Eine fehlerhafte Schreibweise als gut überlegt würdigen und den kleinen Pechvogel trösten. Dann wird er an seinen im Grunde richtigen Überlegungen festhalten.

3.4.3.2 Wortfamilien im Rechtschreibunterricht

Die Arbeit mit Wortfamilien stellt ein Unterrichtsprinzip dar, das das Verständnis der Kinder vielfältig stützt. Eingeführt werden kann es mit dem Märchen vom tapferen Schneiderlein: Zunächst ist es für die Kinder sehr motivierend, dass man nur die Schreibung eines Wortes lernen muss und dann gleich sieben Wörter richtig schreiben kann. Der Lerneffekt bezieht sich auf verschiedene Bereiche:

- Die Gleichschreibung des Wortstammes, das Baukastenprinzip wird immer deutlich erfahren. Hier wird das intuitive Lernen über das Sammeln besonders angesprochen.
- Häufige Vor- und Nachsilben werden automatisiert.
- Die Wortarten werden ständig gewechselt, auch hier wird das intuitive Lernen stärker angesprochen als das bewusst analysierende.
- Neben einem Rechtschreibschwerpunkt wird ständig ein übergeordnetes Prinzip mit eingebracht – andererseits werden hier auch immer wieder die entsprechenden Operationen angewandt.

So kann es die Arbeit mit der Lernwörterkartei ständig begleiten: Unabhängig davon, ob gerade ein thematischer Wortschatz oder Wörter zu einem speziellen Rechtschreibfall geübt werden, immer bieten sich zwei, drei Wörter an, die eine etwas weitreichendere Wortfamilie haben. Zu diesen werden die Kinder aufgefordert, Verwandte zu suchen. Dieser Suchprozess kann sich über mehrere Tage hinziehen. Findet ein Kind ein neues Wort, so darf es dieses auf eine Wortkarte schreiben und an einer Seitentafel befestigen, z.B. träumen: der Traum, er träumt, die Trauminsel, träumerisch, verträumt, wir träumten, der Angsttraum usw.

Zu Beginn der Arbeit, die spätestens in der 3. Klasse aufgenommen werden sollte, wird mit dem Begriff „Wortfamilie" noch sehr großzügig umgegangen, wie das Beispiel zeigt: Auch einfache Flexionsformen (er träumt, wir träumten) werden akzeptiert. Im Laufe der Zeit sollte das Sammeln durch ein Ordnen ergänzt werden: Nach der Wortart, nach Veränderungen durch Vorsilben, durch Nachsilben, durch Zusammensetzungen. Zudem ist es hilfreich, den Wortstamm immer farblich hervorzuheben. Ordnungsvorschläge der Kinder sind ebenfalls anzuregen. Ergänzend bieten sich Sprachspiele mit Zusammensetzungen an (z.B. Ulrich, W.: Sprachspiele für jüngere Leser; 2004).

Meist bilden sich in der Klasse besonders eifrige Sammler heraus, während andere Kinder nicht so viel finden. Hilfreich ist diese Arbeit aber für alle, weil auch die weniger wortgewandten Kinder durch die Wortkarten Anregungen erhalten. Außerdem können im Klassenzimmer entsprechende Wörterbücher bereitgestellt werden.

Nachdem Wortfamilien zunächst eher intuitiv aus dem Sprachgefühl der Kinder gesammelt wurden, kann natürlich auch ein gezielteres Vorgehen angestrebt werden. Dabei sollte aber ein allzu kognitiver Umgang vermieden werden, da er die Kinder überfordert. Um zu experimentieren, genügt es, wenn die Kinder folgendes Material zur Verfügung gestellt bekommen: Einen Kasten mit vorderen

Wortbausteinen (= Vorsilben), mit hinteren Wortbausteinen (evtl. zwei Kästen mit Endungen und Nachsilben) und mittleren Wortbausteinen (Wortstämme), z.B. such, stell, fahr, heil, lauf, freund. Die Wortstämme können von den Kindern beliebig ergänzt werden.

Das Sammeln und Experimentieren gelingt den Kindern von ganz allein – und wenn einmal neue Wörter dabei erfunden werden, ist das auch nicht so schlimm.

In weiteren Versuchen werden die Kinder selbst bald herausfinden, wie sie den Wortstamm (im Gegensatz zum Wort) erhalten. Die Begriffsbildung (Vorsilbe, Nachsilbe usw.; s. zu Problematik oben) ergibt sich auf der Grundlage von vielfältigen Handlungserfahrungen sicherer, als wenn sie der Lehrer vorschnell vorgeben würde.

3.5 Wenn keine Regel zu erkennen ist: Das muss ich mir merken!

Neben den geregelten Bereichen der Orthografie gibt es einige Ausnahmebereiche. Diese haben sich meist aus historischen Gründen so entwickelt und sind bis heute beibehalten worden. Gerade der Unmut in einigen Bevölkerungsschichten über die Rechtschreibreform hat gezeigt, wie stark das Beharren auf Vertrautem verankert ist.

Im Unterricht ist es wichtig, diese Schreibweisen klar als Ausnahme vom System zu kennzeichnen. Den Kindern sollte ganz deutlich werden, dass sie hier nicht nach Regeln zu suchen brauchen. Fehler entstehen in diesem Bereich oft durch Verunsicherung, z.B. durch die häufig dargebotene „Regel": „Nach langem Selbstlaut steht oft ein stummes h!"; sie ist erstens falsch und zweitens führt sie dazu, dass die Schüler in diesem Bereich eher Fehler dadurch machen, dass sie an illegaler Stelle ein <h> (*höhrt) einfügen, als es an korrekter Stelle zu vergessen (*nam) (vgl. Menzel 1985, S. 12). Deshalb gilt für die folgenden Bereiche die Hauptdevise: Diese Wörter müssen wir lernen und üben und immer wieder wiederholen.

Übungen zu Merkschreibungen

Da es sich hierbei nicht um strategiegeleitetes Lernen, sondern um Merken handelt, fasse ich im Folgenden die Übungen für alle Bereiche zusammen (s. auch Übersicht in Kap. 2.3).

In größeren zeitlichen Abständen wird eine Rechtschreibbesonderheit in der Klasse thematisiert. Dabei ist darauf zu achten, dass ähnliche Bereiche nicht in zeitlicher Nähe auftreten, so z. B. Wörter mit Dehnungs-h nicht unmittelbar nach solchen mit doppeltem Selbstlaut.

Bei Merkschreibungen wird die Schreibweise als Besonderheit deutlich hervorgehoben und die Stelle am Wort farblich markiert, beim Schreiben auch sprachlich benannt: „Mai, ausnahmsweise mit <ai>", oder „fahren, schreibt man mit <ah>". Gerade für jüngere oder schwächere Schüler ist es eine Hilfe, nicht nur „mit <h>" zu sagen, sondern die Schreibung mit dem Vokal zuvor zu verknüpfen, um den Ort des <h> im Wort zu markieren. Diese Wörter werden auf einem Plakat für alle Schüler gut sichtbar gesammelt. Dabei bietet es sich an, die Wörter auf Wortkarten am Plakat zu befestigen, damit die Reihenfolge der Wörter wieder ausgewechselt werden kann. Die ersten drei Wörter der Sammlung kann bald jedes Kind schreiben, die unteren werden dagegen schlechter gemerkt.

Eine gemeinsame Übungsphase sollte immer die Sammlung von weiteren Vertretern aus der Wortfamilie sein, da die Gleichschreibung des Wortstammes als übergeordnetes Prinzip ja auch hier wirksam ist (s. Kap. 3.4.3).

Zunächst ist zwischen Einführung neuer Wörter und der späteren Wiederholung zu trennen. Während der ersten Einübungsphase hängt das Plakat mit den größeren Wortkarten für alle Schüler gut sichtbar vorn. Hieran wird z. B. eine Woche geübt: Übungen zur Schreibautomatisierung (ganz schnell, ganz groß, klitzeklein, mit verschiedenen Farben schreiben, usw.), farbliches Hervorheben der Besonderheit, Übungen zur Wortart, zur Wortfamilie, Einbinden in Sätze, Partnerdiktat usw. Dabei sollten immer auch kleine Merkspiele eingebaut werden: Wortkarten entfernen, welche Wortkarten habe ich weggenommen?, Wörter auswendig aufschreiben, Wörter umschreiben und erraten lassen.

Für die spätere Wiederholung bietet sich eine Ritualisierung an: An einem festen Platz im Schulvormittag findet regelmäßig „Kopfgymnastik" (10 Minuten) statt: Dieser feste Bestandteil des Vormittages sollte für Fertigkeitstraining reserviert sein, zu dem neben mathematischen Bereichen auch Rechtschreiben gehört. Hier sollten vorwiegend solche Wörter geübt werden, die im Lernhorizont der Schüler Merkschreibungen enthalten. Damit alle Kinder Erfolgserlebnisse verbuchen können, werden einige Wörter vor dem Schreiben kurz mündlich genannt, das hilft dem Gedächtnis auf die Sprünge; denn wem keine Wörter einfallen, der kann in einer anschließenden Schreibübung auch keine aufschreiben und hat damit nicht geübt. Solche Wiederholungsübungen sollten in kleine Einheiten zusammengefasst werden: „Diese Woche werden wir dreimal Wörter mit ‚v' und zweimal Minusaufgaben wiederholen."

Die Plakate, die als Sammelstelle für die gesamte Klasse dienen, können auch von Schülern betreut werden. Gerade schwächere Schüler sind oft stolz, wenn sie als „Experte" für das Plakat mit „v" verantwortlich sind. Dieses Expertentum sollte sich aus Sicht der Schüler immer aus einer gelungenen Situation ableiten; sei es, dass das Kind während der Einführungsphase einen gelungenen Beitrag geleistet hat, sei es, dass es etwas schön geschrieben hat. Es beinhaltet folgende Aufgaben: Wenn im Laufe der Zeit neue Wörter mit dem entsprechenden Rechtschreibfall auftreten, schreibt sie der entsprechende Experte auf Karten und heftet sie an. Ebenso wird mit Vertretern der Wortfamilie gearbeitet. Außerdem sorgt er dafür, dass die Wortkarten in unterschiedlicher Reihenfolge auf dem Plakat erscheinen, wobei die Suche nach hilfreichen Merkordnungen durchaus angespornt werden kann.

3.5.1 Merkschreibung auf lautlicher Ebene

3.5.1.1 Überblick über die Sachlage

Einige wenige Laute weichen von der Regel der häufigsten Laut-Buchstabenentsprechung nach der Standardlautung ab. Im Horizont des Grundschulunterrichtes kann man sich auf wenige exemplarische Wörter beschränken. Individuelle Erweiterungen für leistungsstärkere Schüler sind natürlich immer möglich.

Die Schreibung mit <ä>

Der Regelfall der Schreibung mit <ä> ist die Umlautung innerhalb der Wortfamilie, d. h. das <ä> ist auf einen Wortstamm mit <a> zurückzuführen (s. Kap. 3.4.2). Daneben gibt es einige wenige Wörter, bei denen keine Umlautung möglich ist, z. B. „Käfig, Lärm, Mädchen, Käfer, Käse, Märchen, Bär", bei <äu> nur „Säule".

Die Schreibung mit <ai>

Auch diese ist eine Seltenheit. Mit „Mai, Mais, Hai, Kaiser" und deren Zusammensetzungen dürfte die Liste weitgehend geschlossen sein. Lediglich aus Gründen der Unterscheidung sei noch „Saite" (eines Instruments) und die elternlose „Waise" angeführt. Diese gleichklingenden, aber bedeutungsunterschiedlichen Wörter sollten aber nicht gegenübergestellt werden, da hiervon eine Ranschburgsche Hemmung erwartet werden kann.

Die Verschriftung des /ks/

Hier sind keine Regeln anzuwenden, sondern Wortlisten zu lernen:

- <chs>: Fuchs, Luchs, wachsen, wechseln, sechs
- <x>: Hexe, boxen, extra
- <ks>: links, Keks, Klecks[18]

Die Schreibung mit <ß>

Diese kann als regelmäßig oder unregelmäßig erlebt werden. In sprachlichen Regionen, in denen klar zwischen stimmlosen und stimmhaften /s/-Laut unterschieden werden kann, ist die so einfach klingende Regel 120 des Rechtschreibdudens anzuwenden: „Man schreibt ß für den (in allen Beugungsformen) stimmlosen s-Laut nach langem Vokal oder Doppellaut, wenn im Wortstamm kein weiterer Konsonant folgt." (Duden, Band 1, 1996[21], S. 58)

Etwas schwieriger wird die Schreibung aber dadurch, dass der stimmhafte /s/-Laut durch Auslautverhärtung stimmlos werden kann (Haus, aber Häuser) und dass durch Vokalwechsel (s. Kap. 3.6.3) auch hier Wechsel stattfinden können: essen – er aß, fließen – er floss – der Fluss.

Da im Süddeutschen die Unterscheidungsfähigkeit zwischen stimmhaftem und stimmlosem /s/ nicht gegeben ist, ist die Schreibung mit <ß> den Merkschrei-

18 Die Wörter sind entweder bei Naumann (1999) oder bei Augst/Dehn (1998) aufgeführt. Die Listen können noch individuell erweitert werden.

bungen zuzuordnen. Als häufig können nach Augst/Dehn und Naumann folgende Wörter angesehen werden: Er aß, außen, bloß, draußen, dreißig, Fleiß, fließen, Fuß, gießen, genießen, groß, Gruß, heißen, reißen, schließen, Soße, Spaß, stoßen, Straße, Strauß, süß, weiß (Farbe und Verb), er vergaß.

Die <v>-Schreibung

Der Buchstabe <v> wird selten für den Wortstamm in der Lautung /f/ verwendet. Hier sind nur folgende Wörter zu nennen: Vater, Vogel, brav, viel, vier, voll, von/vom, vor. In der Lautung /w/ handelt es sich überwiegend um Fremdwörter: Kurve, November, Lava, Pullover und wenig andere (s. Kap. 3.5.4).

Häufig sind die Vorsilben „ver-" und „vor-". Mit diesen kann und muss systematisch gearbeitet werden. Dabei ist durchaus dem Irrtum *vertig, *Verkel und *vern (-sehen) systematisch zu begegnen: Hierbei handelt es sich ja gerade nicht um eine Vorsilbe, sondern um die erste Silbe des Wortstammes.

3.5.1.2 Unterrichtliche Vermittlung

Die z. T. sehr geringe Anzahl der Wörter macht schon deutlich, dass es sich hierbei nicht um weitreichende Probleme handelt. Am problematischsten erscheint eine „Verfrühung" der Erörterung im Lernprozess: Ist die Schreibweise /ai/ = <ei> noch nicht gesichert, sollte <ai> nicht eingeführt werden, sonst kann es zur Verwirrung führen. Ebenso sollte das <ä> im Zusammenhang mit der Umlautung von <a> eingeführt werden, also nicht mit dem so beliebten „Bären im Käfig"! Eine lautliche Beziehung /ä/ = <ä> führt bei etlichen Kindern zur Schreibung von <ä> für den Kurzvokal /e/ (*wär (wer), *Mänsch), da hier größere lautliche Nähe besteht als zum Langvokal /e:/ (**E**sel). Auch eine Verschriftung des Schwa-Lautes (Esel) mit <ä> ist irrtümlich möglich. Deshalb sollte das <ä> von Anbeginn an als „Verwandlungs-ä" eingeführt werden. Erst wenn hierüber weitgehende Sicherheit herrscht, werden die paar Wörter als Sonderschreibungen eingeprägt.

Die unterschiedlichen Schreibweisen des /ks/-Lautes sollten nicht konkurrierend behandelt werden, da hier sonst mit einer Ranschburgschen Hemmung zu rechnen wäre. Wahrscheinlich treten die Wörter fallweise auf und werden unproblematisch gelernt und eingeprägt. Wird ein solches Wort benötigt, können ja immer noch die drei oder vier anderen Beispiele angefügt werden. „Welche Wörter schreibt man noch mit /chs/?"

Die Wörter mit <ß> und <v> sind schon häufiger. Aber auch hier bildet das Merken und gedächtnismäßige Üben die Grundlage. Erst wenn hier eine gewisse Basis geschaffen ist, können systematischere Überlegungen angeschlossen werden. Diese sind beim <ß> stark von der Sprachregion abhängig, bei der Bearbeitung der Vorsilben „ver-" und „vor-" muss eine fundierte Wortanalysearbeit (s. Kap. 3.4.3) grundgelegt sein. Wenn Kinder keinen Begriff einer Vorsilbe haben, sehen sie diese einfach als erste Silbe eines Wortes. Dann sind *vertig und *vern nur logisch. Der Vorsilbencharakter ist bei Zusammensetzungen, die mit einem selbstständigen Wort gebildet sind zunächst einsichtiger (ver-lieben).

Gewiss lohnt sich aber mit den Kindern eine Diskussion über „ver-suchen, verraten" und „ver-lieren, ver-gessen" (-lieren und -gessen gibt es nicht) und eben „fer-tig, fer-ne". Wenn die Wörter an der Tafel stehen und die Aufgabe lautet: „Bilde drei Gruppen und begründe deine Zuordnung!", so werden die Kinder sicher zum Nachdenken angeregt.

3.5.2 Stummes h und silbentrennendes h

3.5.2.1 Überblick über die Sachlage

Die Schreibung mit einem nicht hörbaren <h> in der Wortmitte (bekannt als stummes oder „Dehnungs-"<-h> oder silbentrenndes h) zählt zu den unsystematischen Bereichen der deutschen Orthografie, da hier zwar Wahrscheinlichkeiten anzugeben sind, aber keine Sicherheiten (vgl. Augst/Dehn 1998, S. 118ff.; Müller 2010, S. 45f.). Deshalb können diese Faustregeln oft mehr verwirren als helfen. Grundsätzlich wäre zwischen „stummen h" und silbentrennendem <h> zu unterscheiden:

- Stummes <h>: Dieses kann nur Langvokalen folgen, ist aber die **Ausnahme** der Schreibung vom Langvokal: fahren, Ohr usw. Der Normalfall ist die Schreibung des Langvokals ohne besonderes Kennzeichen am Ende der offenen Silbe: Hase, Rose (s. Kap. 3.2.2). Aus diesem Grund ist die Bezeichnung „stummes h" vielleicht sinnvoller als die des „Dehnungs-h", da hier eine Kausalität suggeriert wird, die nicht besteht. Oft tritt das stumme h dann nach einem Langvokal auf, wenn die 2. Silbe mit <l, m, n, r> beginnt: stehlen, nehmen, Fahne, Lehrer. Dies ist aber nur in ca. der Hälfte der Fälle so, in der anderen Hälfte bleibt die erste Silbe unmarkiert, z.B.: Schule, schön(e). So kann die Beschränkung des Nachfolgebuchstabens im Unterricht thematisiert werden, bei einer Wahrscheinlichkeit von 50 Prozent verwirrt aber jede Regelnennung.
- Das silbentrennende <h>: Dieses hat eine andere Funktion. Wie der Name schon sagt, trennt es Silben: se-hen, Mü-he, dro-hen. Auch wenn es von schriftkundigen Erwachsenen aus Erklärungszwecken beim Vorsprechen gegenüber Kindern oft betont wird, so wird es in der Normallautung nicht gesprochen (s.u.). Dieses silbentrennende <h> kann nach folgender Regel betrachtet werden: Steht in der ersten, betonten Silbe ein Vokal und beginnt die 2. Silbe mit einem unbetonten Vokal (/e/), so wird ein <h> dazwischen geschoben. Dies geschieht auch nach <ie>. Die Schreibweise *flieen, *zieen wäre wohl etwas unübersichtlich. Anders ist es nach Diphthong: Hier ist kein silbentrennendes <h> nach <au> (schauen) und <eu> (Reue); bei <ei> ist es aber schon wieder unregelmäßig: (Reihe, schreien) (vgl. Duden, Band 4, 1995, S. 69 und S. 74).

3.5.2.2 Unterrichtliche Vermittlung

Mit stummem <h> werden viele Wortstämme geschrieben, sodass eine wiederholte Thematisierung dieses Bereiches angeraten erscheint. Im Zentrum steht das Merken, wobei die Arbeit mit Wortfamilien eine wichtige Ergänzung darstellt. Ist der Wortstamm auch unregelmäßig, so gilt doch die Regel: Einmal <h>, immer <h>! Lediglich ein Wortstamm kann hier als Ausnahme betrachtet werden: blü**h**en, die Blüte (u. U. in der Kinderlogik auch noch „*Blu**h**me, weil die doch so schön blü**ht**!").

Die Übungen sind am Anfang des Kapitels aufgezeigt, hinweisen möchte ich hier vor allem auf Probleme, die vermeintliche (!) Hilfen bei den Kindern hervorrufen können. Diese gut gemeinten Hilfen finden sich z. T. in Sprachbüchern, oft werden sie aber auch von wohlmeinenden Erwachsenen angeboten:

- „Nach langem Selbstlaut steht oft ein Dehnungs-h." Diese „Regel" verkennt die tatsächlichen Verhältnisse der deutschen Orthografie und führt zwangsläufig zu Übergeneralisierungen, wenn sich das Kind daran hält.
- Überbetonung des silbentrennenden <h> in der Aussprache: /se-**h**en/. Die Übergeneralisierung kann in systematischer Sicht erfolgen: *bau-hen, *schrei-hen. Oft meinen Kinder aber auch, das „stumme –h" auf diese Weise hörbar machen zu können. Sie betonen dann in etwa: /fa-h-ren/, sprechen dieses künstliche „h" aber auch in jeden beliebigen anderen Wortstamm hinein. Dies ist eine Unsicherheitsreaktion, die bei Kindern gar nicht so selten ist, besonders wenn man ihnen bei auftretenden Fehlern immer wieder sagt: „Das hört man doch!"
- Unsicherheiten können aber auch im Zusammenhang mit dem <th> auftreten. Manchmal wissen Kinder einfach, dass man ein Wort mit einem besonderen <h> schreibt, z. B. Thomas. Sie wissen aber nur, dass ein <h> im Wort ist und schreiben es *Tohmas, da <oh> geläufiger ist als <th>. Allerdings muss hier noch ein anderes Missverständnis bedacht werden, das zwar zur korrekten Schreibung des Namens führt, aber bei anderen Schreibweisen unerwünschte Folgen hat: Das /t/ wird gelegentlich (auch aus Unsicherheit und entsprechender Überlautung) leicht behaucht ausgesprochen /th̥/, und so kann wieder das Missverständnis auftreten, dass man die Schreibung mit <h> doch aus der eigenen Lautung ableiten können müsse, wenn man nur deutlich genug sprechen würde.
- Gegenüberstellung von Wortpaaren mit und ohne h: malen – mahlen. Auf diese Weise wird eine Ranschburgsche Hemmung erzeugt: Das Kind weiß, dass es zwei Arten gibt, hat aber selbst keine Operation, mit der es die Schreibweise prüfen kann. Es bleibt auf das Gedächtnis verwiesen.
- Ein letztes Problem stellt die Angabe von Wahrscheinlichkeiten dar. Einerseits kann es für einige Kinder hilfreich sein zu wissen, dass „stummes h" bevorzugt vor <l, m, n, r> auftritt und damit „lesen, sagen und Strafe" unproblematisch sind. Andererseits wird dann *Schuhle eben leichter mit <h> geschrieben. Regeln zum silbentrennenden <h> sind zwar ihrerseits wesentlich weitreichender, aber eben auch nicht eindeutig (s. o.). So treffen hier zwei von der Fachwissenschaft unterschiedlich beschriebene Phänome zusammen, die in der Vermittlung in der Schule mehr Verwirrung stiften würden als Schreib-

sicherheit. Die Unterscheidung zwischen stummem und silbentrennendem <h> zu erlernen, kostet Zeit, die wesentlich sinnvoller eingesetzt werden kann. Der Ausgangspunkt und die Hauptarbeit in diesem Bereich wird also die Arbeit über das Merken und Einprägen sein, ergänzt durch die Arbeit mit der Wortfamilie. Die Grundregel lautet: „Ich schreibe nur dann ein <h>, wenn ich ganz sicher weiß, dass zu diesem Wort eines gehört. Wenn ich im Zweifel bin, schaue ich nach!" – Für Zweifelsfälle gibt es ja schließlich das Wörterbuch.

3.5.3 Wörter mit doppeltem Selbstlaut

3.5.3.1 Überblick über die Sachlage

Wörter mit doppeltem Selbstlaut sind sehr selten, besonders im Rahmen des Grundschulunterrichts. Außerdem werden nur <aa>, <oo> und <ee> verdoppelt, Umlaute dagegen nicht. Hier ist auch das Gleichschreibungsprinzip des Wortstammes nicht wirksam: Bötchen, Härchen, säen (Saat). Insgesamt lassen sich folgende Wörter aufzählen:

- „<aa>: das Paar Schuhe, ein paar Leute, Saal, Staat, Haar, Waage
- <ee>: Beere, leer, Meer, Seele, Speer, Teer, Tee, Fee, Schnee, See, Kaffee, Idee, Klee
- <oo>: Boot, doof, Moor, Moos, Zoo" (leicht erweitert nach: Augst/Dehn 1998, S. 117).

3.5.3.2 Vorschlag einer Unterrichtseinheit

Da es sich um einen so seltenen Fall handelt, bietet sich hier eine visuell-einprägsame Arbeit an. Zuvor ist nur vor didaktischen Fehlern zu warnen, die auch in Arbeitsheften immer wieder zu beobachten sind:

- Mit diesen Wörtern sollte auf keinen Fall gereimt werden, da eben neben Fee und Tee auch Reh möglich ist und zu einer Fehlschreibung einlädt.
- Die Unterscheidung Moor – Mohr, Waage – Wagen führt sicher bei mehreren Kindern zu einer Ranschburgschen Hemmung: Die Kinder wissen dann zwar, dass man einmal mit <oo>, einmal mit <oh> schreibt, zweifeln aber darüber, bei welcher Bedeutung welche Schreibweise zu verwenden ist.
- Ebenso sind die in Arbeitsheften immer wieder anzutreffenden Sammlungen von unterschiedlichen Schreibungen, z. B. des Langvokals /e:/ mit <eh>, <e>, <ee> abzulehnen. Da es ja gerade kein sicheres Kriterium außer dem Wissen gibt, kann es bei den Lernenden hier zu Verwechslungen kommen.

Das Merken dieser wenigen Worte lässt sich gut über die Erstellung von Piktogrammen erreichen. Diese Schreibbilder stellen hier eine Kombination aus Bild und Wort dar. Dabei ist es notwendig, das Wort sehr, sehr oft zu schreiben, sodass eine schreibmotorische Sicherung erwartet werden kann. Allerdings muss nicht jedes Wort von jedem Kind so oft geschrieben werden, da dies wenig motivierend erscheint. Zur Einführung der Technik kann mit kleinen Zetteln gearbeitet werden, auf denen „Meer" steht. Alle Teile werden anschließend auf einem Plakat aufgeklebt, sodass tatsächlich ein großes Meer entsteht. Nun sucht sich jedes

Kind ein weiteres Wort aus, malt den Gegenstand und schreibt möglichst klein und oft das Wort darauf. Damit die Sache spannender wird und die übrigen Schüler zum Lesen motiviert sind, kann in jedem ein anderes Wort versteckt sein, z. B. im „Haar" eine kleine Laus oder im „Tee" ein Haar. Auch diese Bilder werden ausgeschnitten und auf das Plakat geklebt.

Der Merkeffekt kann auf dreierlei Wegen erzielt werden:

- Am Anfang gehen die Kinder immer wieder an das Plakat und suchen die versteckten Dinge. Hierdurch prägen sie sich die Wörter gut ein.
- Die bildliche Darstellung ist sehr eindrücklich und die Kinder merken sich einfach: Auf dem Plakat, das wir damals gemacht haben, war ganz viel „Schnee".
- Dieses Plakat eignet sich besonders gut für gelegentliche Wiederholungen: „Schreibt möglichst viele Dinge vom Bild-Wörterplakat auf!"

Natürlich eignen sich nicht alle oben aufgeführten Wörter für diese bildliche Darstellung. Aber einerseits ist zu fragen, ob diese Wörter von Grundschülern überhaupt gebraucht werden, andererseits erweisen sich die Kinder oft als sehr erfinderisch im Ersinnen einer merkerleichternden Darstellung. Außerdem ist in diesem Bereich das Verhindern von geistigen Verwirrungen wichtiger als das vollständige Einprägen einer Liste.

3.5.4 Fremdwörter

Auch im Rahmen des Grundschulunterrichts sind einige Fremdwörter von Bedeutung; dies vor allem, weil Lieblingstätigkeiten der Kinder oft aus dem fremdsprachlichen, meist englischen Wortschatz entstammen: Rollerskate, Snowboard oder Ski sind nur einige Beispiele. Bei der Arbeit mit Fremdwörtern wird man sich auf Wesentliches beschränken, wobei dem individuellen Übungswortschatz hier eine besondere Bedeutung zukommt. Wenn ihnen ihr Hobby wichtig ist, so sind die Kinder auch an der korrekten Schreibweise interessiert. Oft muss diese dann gar nicht so intensiv geübt werden, da die Schreibung aus dem lebensweltlichen Bezug bekannt ist: Die Kinder lesen Kataloge, Fachzeitschriften u. Ä. Bei der Arbeit mit Fremdwörtern kommt dem Nachschlagen im Wörterbuch im Hinblick auf lautliche Alternativen besondere Bedeutung zu (Unter welchem Buchstaben muss ich noch nachsehen, wenn ich /k/ höre?).

3.5.4.1 Überblick über die Sachlage

Fremdwörter werden teilweise so geschrieben, wie sie in der Ursprungssprache geschrieben werden, teilweise eingedeutscht. Seit der letzten Reform sind bei vielen Wörtern zwei Schreibweisen möglich, z. B. Jogurt/Joghurt; Panter/Panther. Im Rahmen des Grundschulunterrichts sind zweierlei Grundlagen von Bedeutung:

- Es gibt Wörter aus fremden Sprachen, die man auch nach fremden Regeln schreibt: Diese Schreibweisen müssen wir auswendig lernen, für uns sind dies Merkwörter.
- Einige Buchstaben oder Silben zeigen uns, dass ein Wort aus einer fremden Sprache kommt. Auch die müssen wir lernen, können aber z. T. Gruppen zusammenfassen.

Beginnen wir bei Letzterem: Schon beim Erwerb der Laut-Buchstaben-Entsprechungen sind die Buchstaben <c>, <y>, mit Einschränkung auch <v> (= in der

Lautung /w/: Vase, Vene ...) und <ch> (für: Christus, China im Gegensatz zum <ch> im Wortinnern in deutschen Wörtern), als Buchstaben für Wörter aus fremden Sprachen eingeführt worden. Im fortgeschrittenen Lernprozess ist dies um <th> und <ph> zu erweitern.

Außerdem sind als Gruppen spätestens in der 4. Klasse häufige fremdsprachliche Vor- und Nachsilben zu behandeln:

- Vorsilbe: milli- (Million ... Millimeter ...), prä- (Präsident, prähistorisch ...)
- Nachsilben: -iv (naiv, primitiv ...), -ine (Apfelsine, Maschine ...), -ieren (diskutieren, regieren ...)

Neben diesen Gruppen stehen die Einzelwortschreibungen, an denen die übergeordneten fremdwortlichen Elemente (Computer: Das <c> weist auf englisch als Gebersprache hin.) betont werden können. Generell wissenswert ist noch, dass in Fremdwörtern langes /i:/ nicht mit <ie>, sondern einfachen <i> verschriftet wird (Klima, Kino).

3.5.4.2 Unterrichtseinheit

Auch in diesem Bereich bietet sich das sukzessive Sammeln benutzter und benötigter Wörter an. Da Lernen immer leichter fällt, wenn es strukturiert ist, können hier Abteilungen gebildet werden; es werden Wörter mit c oder y, aber auch solche mit schwierigen Silben, z. B. -ine gesammelt.
Gerade die Nachsilbe <-ine> ist besonders fehlerverlockend, weil die Schüler hier übergeneralisierend <ie> schreiben.

Taucht ein entsprechendes Wort auf, wird es auf dem Plakat hinzugefügt, am besten an einem vorderen Platz.

Neben dieser alltagsrelevanten Arbeit mit Fremdwörtern sollte aber auch das Verständnis der Schüler für diese Vorgänge aufgebaut werden. Zum Einstieg kann den Kindern gezeigt werden, dass dieser Vorgang nicht nur aktuell ist, sondern schon immer stattfand. Gleichzeitig können die Kinder hier die Erfahrung machen, dass sich Sprache verändert. Einleitend kann folgende Geschichte gelesen werden:

Das haben die Germanen von den Römern gelernt!

Aus anderen Sprachen kommen immer neue Wörter in unsere Sprache. Das war schon immer so. Wenn sich Menschen aus verschiedenen Völkern begegnen, dann lernen sie voneinander neue Dinge kennen. Zusammen mit den Gegenständen übernehmen die Menschen auch die Worte. Als die Römer nach Germanien kamen, kannten sie schon viele Dinge, die den Germanen noch fremd waren: Sie bauten Häuser aus Stein, die hatten eine *murus* und ein *fenestra*. Damit ihre Soldaten schnell marschieren konnten, legten sie eine *strada* an. Die Römer trieben viel Handel. Sie trugen ihre Ware im *saccus*, *corbis* oder *vas*. Sie bezahlten mit *moneta* und tauschten die Dinge nicht einfach wie die Germanen. Von den Römern lernten die Germanen viele neue *fructi* und *plantae* kennen.

Arbeitsaufträge hierzu:

- Kannst du die lateinischen Wörter übersetzen?
- Nach der Übersetzung: Bei welchen Wörtern erkennst du heute noch an der Schreibweise, dass es aus einer anderen Sprache übernommen ist?
- Diese Wörter sind vor so langer Zeit aus dem Lateinischen zu uns gekommen, dass wir sie für deutsche Wörter halten. Aber auch heute kommen mit neuen Dingen noch neue Wörter in unsere Sprache. Oft erkennen wir Fremdwörter an ihrer Schreibweise. Sucht in Gruppen Wörter aus anderen Sprachen.

Als Arbeitsmaterial bieten sich Zeitschriften an. Selbstverständlich sollten hier Schüler mit Deutsch als Zweitsprache ihre eigene Muttersprache untersuchen (können). Es lohnt sich auch das Nachdenken darüber, warum so viele englische Wörter Eingang finden, während die türkischen Wörter eher selten sind, obwohl viel mehr Türken bei uns leben und arbeiten.

Eine enge Verknüpfung mit dem Englischunterricht in der Grundschule ist ebenfalls angezeigt.

3.6 Die Grammatik spielt herein

Das grammatische Prinzip bestimmt die Orthografie sehr weitreichend. Die differenzierteren Bereiche der Groß- und Kleinschreibung sowie der Getrennt- und Zusammenschreibung bereiten den meisten Schreibern im Detail Probleme. Diese übersteigen den Horizont des Grundschulunterrichts aber deutlich. Im Zentrum steht die Großschreibung der Nomen. Diese lässt sich nicht nur mithilfe der Bestimmung der Wortarten, sondern auch mithilfe der Position im Satz bestimmen.

3.6.1 Was ist ein Wort?

An den Schreibweisen der Schreibanfänger wird sichtbar, dass sich der Lautstrom der mündlichen Sprache nicht nach Wörtern gliedert. Deutlicher wahrnehmbar ist die Satzmelodie oder durch bewusstes Gliedern die Silbe. Ohne dass er genau definiert würde, erfassen die Kinder dennoch im Laufe der Zeit selbstständig, was Wörter sind und setzen Abstände beim Schreiben. Hier scheint also wenig Lehrbedarf zu bestehen. Vielmehr tragen wohl die vielfältigen Handlungen des Erstunterrichts zur Bildung einer entsprechenden Vorstellung bei: Es werden Wörter mit <a> gesucht, einzelne Wörter gelesen, sortiert, geschrieben, Bildern zugeordnet usw. Damit wird ein inhaltsbezogener Wortbegriff aufgebaut. Dies ist den Schreibweisen der Kinder wiederum anzumerken. Die kleinen Funktionswörter werden länger zusammengeschrieben, da sie aus Sicht der Schüler keine Bedeutung tragen. Hilfreich zur Erfassung dieser Wörter sind folgende Übungen:

- Häufige Wörter aus Büchern und Zeitschriften suchen lassen.
- Versuchen, Sätze zu bilden, in denen solche Wörter nicht vorkommen. (Mittags essen viele Kinder.) Hierdurch wird die Notwendigkeit dieser Wörter deutlich.
- Ersetzen und Ergänzen von Sätzen. (Der Junge rennt. Ein Junge rennt. Ein kleiner Junge rennt.)
- Beispielhaftes, gemeinsames Bauen von Sätzen und entsprechendes Variieren.

Einen wesentlichen Beitrag zum Erwerb des Wortbegriffes leistet sicher das Lesen. Die Bandwurmsätze der Kinder sind schwer zu lesen. Ein Vergleich mit der korrekten Abstandsschreibung lohnt sich also. Die letzten Schwierigkeiten mit der Abstandsschreibung verlieren sich meist bei der Einführung der Schreibschrift.

3.6.2 Die Großschreibung

Die Kleinschreibung ist das Normale. Alle Wörter werden klein geschrieben. Auch bei der Entwicklung unserer Schrift war dies so. Großschreibung ist erst relativ spät in ihrer heutigen Form in unsere Schrift gekommen. In der Entwicklung der Orthografie ist ein ähnliches Phänomen zu beobachten wie bei der Lernentwicklung der Kinder: Die Großschreibung war z.T. inhaltlich motiviert (heilige Namen oder Amtsbezeichnungen) oder diente der Textgliederung. Ähnlich gehen auch manche Kinder vor: Wichtige Wörter werden groß geschrieben, bei einem neuen Gedanken wird groß geschrieben. Die Großschreibung der Nomen entwickelte sich aus dieser Betonung des Wichtigen, hatte sich aber erst Ende des 17. Jahrhunderts weitgehend durchgesetzt.

Die grafische Hervorhebung durch den Großbuchstaben dient einer flüssigeren Lesbarkeit. Dies ist für die Großschreibung am Satzanfang sicher unstrittig, während die Notwendigkeit der Großschreibung von Nomen lange Zeit umstritten war (vgl. Volmert 2005[5]; S. 197 f.), gilt sie heute ebenfalls als eine für das Deutsche leseerleichternde Markierung. Im Zentrum des Grundschulunterrichtes stehen die Großschreibung am Satzanfang und der Nomen, am Ende eine Ausweitung auf die Großschreibung des nominalen Kerns (s. u.). Damit wird der Blick auf Substantivierungen ausgeweitet, ohne diesen komplexen Bereich bis zur Schreibsicherheit entfalten zu können.

Die Großschreibung der Anredepronomen „Sie, Du, Ihr usw." im Brief ist nicht schwer zu vermitteln.

3.6.2.1 Nach dem Punkt schreibt man groß. Aber wann kommt der Punkt?

Die Großschreibung des Satzanfanges (nicht die Interpunktion insgesamt!) ist vor allem ein Anfängerproblem. Bei freien Schreibungen nutzen die Kinder Punkte in sehr unterschiedlicher Weise als Gliederungshilfen ihrer Texte. Auch ohne explizite unterrichtliche Behandlung gelangen viele Kinder zu einer mehr oder weniger korrekten Setzung des Punktes im Laufe des 2. Schuljahres. Vor allem die Behandlung des Punktes als Lesehilfe hat hier einen entscheidenden Einfluss. Das anschließende Großschreiben des Anfangsbuchstabens stellt kein Verständnisproblem dar, sondern bedarf vielmehr des Daran-Denkens – besonders in freien Texten.

Neben dem selbstgesteuerten Lernen können Erfahrungen und Einsichten auch angeregt werden. Dabei steht das Handeln, das Ausprobieren immer im Zentrum. Eine Abwechslung zwischen gesteuerten Aufgaben, bei denen das Wortmaterial schon vorgegeben ist, und solchen des freien Suchens und Entdeckens (in Büchern und Kindertexten) verbindet immer wieder Rezeption und Produktion (s. u.). Hierdurch erfahren die Kinder intuitiv, welche Hilfen die Interpunktion ermöglicht. Besonders Versuche mit verschiedenen Klangproben beim Lesen wirken auf die eigene Interpunktion positiv zurück. Auch spielerische Versuche, bei denen der Punkt verschoben wird, führen zu einem differenzierteren Verständnis. Da im Deutschen Satzbaumuster sehr variabel sind, bleiben Definitionen oft schwammig und sollten zu Gunsten von Erfahrungen zurückgestellt werden. Hier einige Anregungen:

- Die Kinder erhalten Wortkarten und sollen hieraus Sätze bilden: „Der Bär singend trottet durch den Wald am Abend." Dabei müssen die Kinder nicht alle Karten verwenden, dürfen aber kein Wort verändern (also nicht „singt" aus singend machen). Es ergeben sich sehr viele Baumöglichkeiten.
- Erkundungen in Büchern: Wer findet den kürzesten Satz? Wer den längsten, den mit den meisten Wörtern?
- Sammeln von Lieblingssätzen der Kinder.
- Arbeit mit Erweiterungen: Wer kann den Satz länger machen? Wann beginnt ein neuer Satz?

- Arbeit mit Kürzungen: Wann hört der Satz auf, ein Satz zu sein?
- Zur Erweiterung von Satzbaumustern (Nebensätze) bieten sich Reihungen an: Wer kann einen Satz mit „weil" bilden?
- Ein sehr schönes Beispiel mit dem Gedicht „Langes Warten" von Manz stellt Foster (1997) vor.

Die Tatsache, dass am Anfang eines Satzes groß geschrieben wird, stellt für die Kinder kein Problem dar. Im fortgeschrittenen Lernprozess sind die Kinder allerdings beim Verfassen eigener Texte oft so auf den Inhalt konzentriert, dass sie wider besseres Wissen die Großschreibung vergessen. Diese nachzuholen, ist dann Aufgabe eines Überarbeitungsprozesses.

3.6.2.2 Großschreibung von Nomen

Sachanalyse

Grammatiken verwenden unterschiedliche Aspekte zur Erklärung des Begriffes (vgl. Duden, Band 4, 1995^5, S. 191 f.). Neben einfachen Aufzählungen im Sinne von „z. B. solche Wörter wie: …", stehen inhaltliche Bestimmungen (Bezeichnung für Lebewesen, Dinge …), formale Beschreibungen (sie ändern die Form = deklinierbar) oder es wird der Gebrauch des Nomens im Satz exemplarisch gezeigt: Kann Subjekt oder Objekt sein. Die umfassendste Erklärung ist die enge Verbindung mit dem Artikel.

Das Problem bei Aufzählungen ist die starke Begrenzung, bei inhaltlichen Beschreibungen vor allem die Benennung der Abstrakta: Kategorien wie „Gedachtes und Begriffliches" (ebd. S. 192) sind nur schwer mit einzelnen Wörtern in Verbindung zu bringen. Die formale Kennzeichnung, also „kann meist Einzahl und Mehrzahl bilden", greift schon weiter. Einige Wörter bilden allerdings in der Regel nur Singular: Eigennamen, Sammelbezeichnungen (Getreide, Polizei …), Stoffbezeichnungen (Milch, Gold …) und z. T. Abstrakta (Freiheit, Hitze …) (vgl. Duden Band 4, 1995, S. 210 ff.), andere nur Plural (Gliedmaßen). Dies sind im Vergleich zur Gesamtheit aber sehr wenige Wörter und im Horizont des Grundschulunterrichts auch eher ungebräuchliche. Nur sehr selten bereitet die Verwendung des Artikels Schwierigkeiten; so ist der Gebrauch des Artikels bei Festen (Weihnachten u. Ä.) oder Namen nicht üblich. Die Kinder haben hier aber kaum Schwierigkeiten und so erweist sich auf sachlicher Grundlage die Artikelprobe am weitreichendsten, gefolgt von der Mehrzahlprobe. Die folgende Tabelle zeigt einen Überblick über Lehrwege.

3.6.2.3 Verschiedene Wege als Lernangebot

		Verständnis der Schüler	
Lehrweg	**Sachanalyse**	**Positive Aspekte**	**Negative Aspekte**
Inhaltlich: Alles, was du sehen oder anfassen kannst, schreibt man groß.	Trifft nur auf Konkreta zu.	Als Einstieg sehr konkret. In der Übungsphase wenig fehlerträchtig.	Abstrakta werden nicht erfasst. Übertragung auf andere Wortarten (Ich sehe doch, dass jemand groß ist; dass einer „rennt".).
Inhaltlich/Formal: Kann in der Einzahl und Mehrzahl vorkommen.	Trifft auf sehr viele, aber nicht alle Nomen zu.	Konkret darstellbar und im Sprachgefühl der Kinder verankert.	Übertragung auf andere Wortarten (einer läuft, viele laufen). Muss zusätzlich als Überlegung beim Schreiben mitgedacht werden.
formal: die Artikelprobe	Trifft auf fast alle Nomen zu.	Trifft immer zu: Später müssen keine Ausnahmen gelernt werden. Im Sprachgefühl der Kinder verankert.	Artikel fehlt als Signal oft im konkreten Satz. (Muss dann zusätzlich als Überlegung beim Schreiben mitgedacht werden.) Artikel wird auf Adjektiv bezogen: Der Große *hund. Die Bezeichnung „Begleiter" wird überdehnt = kleines Wort: wird auf andere kleine Wörter übertragen: „ich" oder „er" Substantivierung durch „das" (das Rennen)
Endungen am Wort: -ung, -heit, -keit ...	Trifft nur auf wenige Wörter zu.	eindeutiges Signal	Schüler bedenken am Wortanfang das Endungssignal noch nicht.

		Verständnis der Schüler	
Lehrweg	**Sachanalyse**	**Positive Aspekte**	**Negative Aspekte**
Verwendung im Satz: Mithilfe von Satzgliedern wird die Großschreibung ermittelt.	Trifft nicht nur auf Nomen, sondern auch auf Substantivierungen zu. Genitivattribute werden nicht erfasst, Adverbiale Ergänzungen müssten bei vereinfachter Regelanwendung groß geschrieben werden.	Erklärungsansatz muss kaum relativiert werden.	Komplexe Analyse notwendig. Realer Sprachgebrauch führt zu komplizierten Differenzierungen.

Die Komplexität der Übersicht zeigt, dass ein adaptiver, am Lernen der Kinder orientierter, Lernfortschritt angezeigt ist.

Die Wege im Einzelnen

Die Übersicht möchte weder verwirren noch hilflos machen angesichts der Frage: „Gibt es denn gar keinen richtigen Weg der Vermittlung?" Die Antwort muss lauten: „Nein. Einen Königsweg für alle gibt es nicht. Aber viele hilfreiche Angebote!"[19] In diesem Sinne möchte ich die Möglichkeiten, die in einem Erklärungsansatz liegen, aufzeigen, dabei die Grenzen und Gefahren des Missverstehens aber nicht verschweigen. Zuvor Grundsätzliches: Am Anfang des Schriftspracherwerbs verwenden die Kinder bevorzugt die großen Druckbuchstaben, anschließend mischen sie Groß- und Kleinbuchstaben unbekümmert. Erst wenn die Frage von den Kindern selbst gestellt wird, ist es Zeit, eine erste Annäherung an das Thema zu wagen. Folgende Meinungen vertraten z. B. Kinder meiner Klasse in der Adventszeit des 1. Schuljahres:

- Man muss sich vor dem Schreiben entscheiden, entweder die kleinen oder die großen. Aber dann muss man bei seiner Entscheidung bleiben; also: Mischen ist nicht erlaubt.
- Man nimmt nur die großen. (Bezug auf Überschriften, die in Kapitälchen geschrieben worden waren.)
- Der erste Buchstabe ist immer groß, die anderen sind klein. Hier bezog sich das Kind auf Wortkarten aus dem Unterricht: Einzelne Wörter wurden immer wieder Bildern zugeordnet, dies sind immer Konkreta.
- Auch Wissen, das die Kinder zu Hause erworben hatten, wurde eingebracht: Am Anfang eines Satzes schreibt man groß! (Die Nachfrage, was ein Satz

19 In der fachdidaktischen Literatur wird die Auseinandersetzung über die Erklärungsansätze zur Schreibung von Nomen kontrovers geführt. Wie mithilfe von Beispielen argumentiert und für oder gegen eine Position Stimmung gemacht werden kann, zeigt z. B. Bremerich-Vos (1996).

denn sei, zeigte, dass hier noch keine genaue Vorstellung entstanden war.)

- Wieder anderen Kindern war die Fragestellung noch vollkommen gleichgültig: „Das ist doch wurscht! Hauptsache, man kann es lesen!"

Hieran anschließend erklärte ich den Kindern, dass die Kleinschreibung der Normalfall ist. Allerdings gebe es zwei Hauptbereiche, bei denen man den ersten Buchstaben groß schreibe. Ein Grund sei ein Punkt vor dem Wort. Außerdem gebe es eine Gruppe von Wörtern, die man mit einem großen Buchstaben beginnen lasse. Genauer würden wir das später lernen, aber wir könnten ja schon mal einige solche Wörter suchen. Jetzt machten sich einige Kinder mit Eifer daran, „Großwörter" zu suchen. Neben einer stattlichen Sammlung entwickelte sich die Erkenntnis, dass man alle Namen groß schreibe. Dies hatte nicht bei allen Kindern Auswirkungen auf die Schreibung, einige Kinder waren aber angeregt, sich auf eine Erkundungsfahrt zu begeben.

Alles, was ich sehen oder anfassen kann, schreibe ich groß:
So beliebt ist diese inhaltliche Annäherung an das Thema, weil sie spielerisch und handlungsorientiert umsetzbar ist und unmittelbaren Erfolg zeigt. Das Spiel: „Ich sehe was, was du nicht siehst" ist den Kindern bekannt. Hieran kann angeschlossen werden. Dinge werden benannt, die entsprechenden Wörter an der Tafel gesammelt. In Arbeitsheften und Sprachbüchern finden sich vielfältige Übungen zum Thema: Menschen, Tiere, Dinge haben Namen.

Positiv hieran ist: Die Kinder machen bei diesen Übungen selten Fehler. Es fällt leicht, Tiere und Dinge zu unterscheiden, sie in entsprechende Spalten zu schreiben. Die Kinder bilden eine erste Kategorie, die ihnen eine Entscheidung (groß oder klein?) ermöglicht. Auch wenn sie beim freien Schreiben diese Erkenntnisse noch nicht umsetzen, so können sie die Überarbeitungsanweisung: „Schau nach, ob du alle Tiere groß geschrieben hast!" leicht umsetzen. Anfangserfolge stärken das Zutrauen in die eigene Leistungsfähigkeit in Bezug auf einen Lernbereich. Dies motiviert.

Negativ hieran ist: Die inhaltliche Bestimmung begleitet manche Kinder aber (zu)lange Zeit und bereitet dadurch erhebliche Probleme. Diese Übungen produzieren vor allem deshalb so wenig Fehler, weil die Aufgaben nicht auf die Problemstellung zielen. Wer Tiere und Dinge sortiert, der denkt konkret inhaltlich. Beim Schreiben stellt sich dann aber die Frage, ob groß oder klein zu schreiben ist. Diese Fragestellung wird bei einfachen Sortierübungen nicht trainiert.

Zudem bereitet die Tatsache Schwierigkeiten, dass die Kinder Adjektive und Verben ebenfalls sehen können: „Ich sehe doch, dass das Haus ‚groß' ist. Man kann sehen, ob jemand ‚hinkt'." Hier hilft es oft, die Betonung auf die Gegenständlichkeit zu legen: „Wen kannst du anfassen? Nur das Haus, nur den Mann." Eine Alternative hierzu: Man zeichnet dem Kind ein großes und ein kleines Haus hin. Bestätigend weist man darauf hin, dass man sehr wohl sehen kann, dass das eine Haus groß, das andere klein ist. „Jetzt radiere ich das Haus weg. Groß geschrieben wird, was man auf einem Bild wegradieren kann."

Allerdings sollten solche Konkretisierungen wirklich auf den unmittelbaren Anfang des Lernprozesses beschränkt bleiben, da die Großschreibung wesentlich weitreichender geregelt ist und ein Verharren auf dieser konkreten Ebene den weiteren Lernprozess behindert.

Einzahl und Mehrzahl:
Bei dieser Probe verbinden sich konkret-inhaltliche Möglichkeiten mit formalen: Einerseits können Einzahl und Mehrzahl bildlich dargestellt werden und so an Konkreta immer wieder überprüft, verifiziert und gefestigt werden. Andererseits ist hier ein Wandel vom Konkreten zum Formal-Abstrakteren leicht möglich: die Probe „ein(e) – viele" fußt auf dem Sprachgefühl der Kinder und kann mit der Artikelprobe (das Haus – die Häuser) verbunden werden.

Wenn Kinder diese Probe auf Verben ausdehnen (einer läuft, viele laufen) so kann dies bei einer anderen Erklärungsform ebenfalls passieren: Das eine Kind schreibt „laufen" groß, weil es sieht, dass jemand läuft. Für das andere Kind klingt „der läuft, die laufen" stark nach Ein- und Mehrzahl, ein letztes bejaht die Artikelprobe mit „das Laufen". Missverständnisse sind immer denkbar und wohl unvermeidlich. Entscheidend ist das individuelle Gespräch, in dem der Irrtum eruiert wird. Oft ist durch eine formale Zusatzprobe zu helfen: „Probiere immer noch aus, ob ‚ich' zum Wort passt. Wenn du ‚ich' sagen kannst, ist es ein Verb und man schreibt es klein."

An diesem Beispiel wird besonders deutlich, wie wichtig es ist, mit den Kindern über ihre Vorstellungen ins Gespräch zu kommen. Hier ist das Thematisieren der Vorstellungen im Klassenverband eine tragende Hilfe. Wenn die Kinder diese Überlegungen austauschen und diskutieren, können Missverständnisse ausgeräumt werden.

Die Artikelprobe:
Zur Einführung möchte ich mit Andresen (vgl. 2000, S. 33) hier für eine Eselsbrücke plädieren, die Kinder nützen können.[20] Z. B.: Zunächst lese ich eine Rittergeschichte vor. Anschließend sprechen wir darüber, dass Ritter früher immer von einem Knappen begleitet wurden. Diese Knappen waren treue Diener und ständige Begleiter. Sie konnten zwar nicht ständig neben dem Ritter sein, sie waren aber jederzeit in Rufnähe. So wie jeder Ritter seinen eigenen Knappen hatte, so hat jedes Nomen seinen Begleiter.

Dies wird von den Kindern gespielt: Zu „Baum" gehört „der". Zwei Kinder stehen vor der Klasse, der eine steigt auf den Stuhl und wird dadurch tatsächlich groß. Der andere ist sein treuer „Begleiter". Viele Wortpaare werden so durchgespielt. Später können sich auch noch andere Wörter zwischen den Knappen und Ritter drängen (Adjektiv), dennoch bleibt die Verbindung zwischen Artikel und Nomen erhalten.

20 Andresen verwandte als Bild: „Herr und Hund".

Solche bildhaften Erklärungen dürfen natürlich nicht überstrapaziert werden. Es lohnt sich aber, sie im Gespräch anzubieten. Die Artikelprobe ist die hilfreichste, weil weitestreichende Strategie zur Erkennung von Nomen. Sie kann aber auch zu Missverständnissen führen, wenn Kinder sie ausweiten. Dies sind:

- Großschreibung des attribuierten Adjektivs: Der Braune hund. Hier muss deutlich gemacht werden, dass der Artikel zwar zum Nomen gehört, aber deshalb im Satz nicht ständig davor stehen muss. Selbstverständlich werden in diese Richtung auch viele Übungen zu machen sein (s. Adjektiv).
- Substantivierungen von Verben: Das Laufen. Als Gegenprobe wird ein Versuch mit „ich" empfohlen. Immer, wenn auch „ich" passt, dann ist es ein Verb. Diese Empfehlung wäre allerdings völlig verfehlt, wenn ein Kind gedanklich „ich" (oder „er" o. Ä.) als Signalwort (= Begleiter) auffasst. Dies geschieht, weil Verben und Nomen wesentlich bedeutungstragender sind als Pronomen oder Artikel.

Die Missverständnisse zeigen, dass eine Erweiterung um satzgrammatische Überlegungen notwendig ist.

Wenn oben genannte Irrtümer ausgeräumt sind, eignen sich die Artikel- und Mehrzahlprobe auch hervorragend zum selbstständigen Überarbeiten von freien Texten. Überarbeiten sollte immer mit einer konkreten Aufgabe verbunden sein, die hier lautet: Schau nach, ob du das Wort in die Einzahl und Mehrzahl setzen kannst; bzw. ob ein Begleiter zum Wort **gehört** (nicht dabei steht!).

Einige Endungen kennzeichnen Nomen:

Im Zusammenhang mit Wortfamilien und deren Bildung stößt man auf Bildungsmorpheme für Nomen, wie -ung, -heit, -keit usw. Diese bezeichnen vorwiegend Abstrakta. Die Lernwirkung darf hier stärker von einer Kategorienbildung erwartet werden als vom konkreten Lernen der einzelnen Beispiele. Gelegentlich bereiten einige Nachsilben auch Schwierigkeiten:

- -erei: (Bäckerei) Verdopplung des <r> ist häufig
- -in/-innen; -nis/-nisse: (Lehrerin, Hindernis) fehlende oder zusätzliche Verdopplung
- -zeug: (Flugzeug): fehlende Auslautverhärtung.[21]

Zusätzlich bilden sich auch Untersuchungen zu den Bildungswegen an, z. B. bei -ung die Ableitung vom Verb, bei -heit vorwiegend die vom Adjektiv, sowie die Verteilung der Artikel bei diesen Bildungen.

Der nominale Kern eines Satzgliedes wird groß geschrieben:

Im Gegensatz zu anderen Sprachen sind im Deutschen die Satzglieder extrem erweiterbar. Den Kern bildet meist ein Nomen und durch die Großschreibung wird es so zu einem Orientierungspunkt für den Leser. Diesem Umstand wird zu-

21 Eine Zusammenstellung weiterer Nomen-Endungen findet man im Duden, Band 4, 1995, S. 202 ff.

Auf dem steinigen **H**eimweg
trifft
der kleine **J**unge
seine lieben **F**reunde.
Oder:
das Schwein
das große Schwein
das große, dicke Schwein
das große, dicke, rosa Schwein
tanzt
auf einem Bein.
(Titelspruch: Röber-Siekmeyer 1999)

geschrieben, dass sich im Deutschen die Großschreibung der Nomen durchgesetzt hat.

Mit solchen Satzbaumustern möchte Röber-Siekmeyer (1999) die Kinder zur Groß- und Kleinschreibung hinführen. Durch Umstellung werden die einzelnen „Abteilungen" eines Satzes ermittelt. Nach vielen solchen Übungen zeigt sich, dass immer das letzte Wort einer umstellbaren Gruppe groß geschrieben wird. Außerdem wird mit der Weglassprobe gearbeitet. (Auf dem Heimweg trifft der Junge seine Freunde.) Das große Potenzial liegt darin, dass mithilfe dieser Erklärung auch Substantivierungen erfasst werden können, da die Zielrichtung eben nicht die Wortart, sondern die Verwendung im Satz ist. (Nach langem Warten trifft der Junge ...) Damit stellt sie eine Ergänzung bzw. Erweiterung zu den oben dargestellten Erklärungsweisen der Wortebene dar. Aber auch dieser Ansatz ist nicht unproblematisch und bietet Raum für Missverständnisse. Die Komplexheit ergibt sich aus den differenzierten Bildungsmöglichkeiten unserer Sprache: Attribute können ihrerseits aus Nomen bestehen (Auf dem Heimweg nach Bernau), Satzglieder können aus Adverbien bestehen (früh morgens), die z. B. die Umstellprobe bestehen.[22] Besonders bei selbst verfassten Texten müssten die Kinder neben der Konzentration auf den Inhalt differenzierte Proben durchführen, um auf ein gesichertes Ergebnis zu kommen.

Deshalb mache ich für die Erarbeitung der Großschreibung in der Grundschule folgenden Vorschlag: Im Zentrum steht die sukzessive Erarbeitung der Wortarten, wobei Nomen durch die Artikelprobe und Mehrzahlbildung identifiziert werden. Anschließend wird im Zusammenhang mit der Erarbeitung der Satzglieder das Erklärungsmuster der Großschreibung auf den nominalen Kern ausgeweitet. Konkret könnte dies so aussehen:

22 Differenzierter wird dieser Weg dargestellt in Röber-Siekmeyer (1995², 1999). Auf Schwierigkeiten mit dieser Methode weist Bremerich-Vos (1999) hin.

- Satzglieder werden umgestellt, der nominale Kern am Ende wird identifiziert: Die kleine Maus lacht über den großen Elefanten.
- Reduktion oder Ausbau eines Satzgliedes:
  Die Maus lacht über den Elefanten. / Die kleine, freche Maus lacht über den großen, dicken Elefanten.
- Ersetzen eines Satzgliedes: Die Maus hört ein Lied aus dem Wald. Die Maus hört ein Brummen aus dem Wald.

Der enge Zusammenhang zum grammatischen Lernbereich wird hier augenfällig.

Übung

Am Anfang des Lernprozesses stehen Zuordnungsübungen, z.B. zum passenden Artikel oder Ergänzungsübungen, indem die Mehrzahl gebildet wird. Später steht die Identifikation von Nomen im Zentrum: Nur mit Großbuchstaben wird eine Reihe von Wörtern gegeben, die Nomen gilt es zu entdecken.

Zentral ist dabei immer der Diagnosewillen des Lehrers. So können Fehlvorstellungen von Kindern aufgedeckt werden.

Wurden Nomen über „Alles, was ich sehen und anfassen kann" eingeführt, so sollten in eine Analyseübung Adjektive eingebaut werden, z. B. BAUM, STAMM, DICK, AST, GRÜN. Hier erfahren Sie, wenn Kinder denken: „Das sehe ich doch, dass der Stamm dick ist." Haben Sie dagegen mit der Artikelprobe gearbeitet, so sollten Sie auf jeden Fall Verben im Infinitiv (laufen, schreiben) und flektierte (liest, hüpft) einbauen. Hierdurch können Sie etwaige Substantivierungen (das Laufen, das Schreiben) erkennen.

Neben dem Heraussuchen aus Wörtern sollten vor allem durchgehend groß oder klein geschriebene Sätze angeboten werden, da hier am ehesten eine Übertragung auf das Überarbeiten eigener Texte erwartet werden kann.

3.6.2.4 Analyseraster Großschreibung

Zunächst ist das Schülerproblem immer mit den Erklärungsmodellen des Unterrichts in Beziehung zu setzen. Die entsprechenden Missverständnisse ergeben sich aus der Übersicht S. 118f.

Problem	Hilfestellung
Schreibt die meisten Nomen klein.	▸ Nachfragen, welche Vorstellungen der Schüler über Großschreibung schon hat. Wenn solche völlig fehlen: Texte über Tiere, Dinge u. Ä. anbieten und inhaltliche Annäherung versuchen. ▸ Alternativ: Wortsammlungen anlegen lassen (Suche Wörter aus Texten, die mit einem großen Buchstaben beginnen, aber nicht nach einem Punkt stehen), versuche, diese Wörter in eine Ordnung zu bringen, aufgrund des Ordnungsversuches lassen sich manchmal Hypothesen aufdecken. ▸ Alternativ: Auf formale Mehrzahl- oder Artikelprobe ausweichen.

Problem	Hilfestellung
Verben werden oft groß geschrieben.	▸ Möglicherweise macht das Kind im Kopf die „das"-Probe: Das Laufen. Hilfe: Immer, wenn ein Wort mit „das" kommt, musst du noch eine Probe mit „ich" machen. Wenn „ich" auch geht, klein. (Das Laufen, aber: „ich" laufe.) ▸ Kind stellt sich vor: Ich kann sehen, wie jemand tanzt, hüpft, schreibt. Hilfe: Anfassen, tanzende Menschen, schreibende Hand an Tafel skizzieren: Was kann ich jetzt wegwischen? (Nicht: tanzen oder schreiben, sondern: Mensch oder Hand.) ▸ Alternativ: Auf formale Mehrzahl- oder Artikelprobe ausweichen.
Adjektive vor Artikeln werden groß geschrieben: der Große hund	▸ Beziehung zwischen Artikel und Nomen klären ▸ Weglassprobe: Bei solchen Beispielen das Adjektiv weglassen: der Hund ▸ Ergänzungsprobe: Jetzt ist die Aufgabe ein (oder mehrere) Adjektive zu ergänzen: Der große, schwarze und zottige Hund. ▸ Malprobe: Was kann ich allein malen? Groß oder Hund?
Sehr undifferenziertes Bild.	▸ Hegen Sie den Verdacht, dass das Kind die Großschreibung dem Lernniveau entsprechend verstanden hat, sie aber nicht umsetzt, dann bietet es sich an, dass man diese aus dem Schreibprozess herausnimmt und einen eigenen Überarbeitungsschritt mit dieser Aufgabe nachschaltet. Dabei ist es ratsam, die erste Überarbeitung gemeinsam durchzuführen, damit man die Probleme des Kindes besser versteht und entsprechende Hilfestellungen geben kann.

3.6.3 Spezifische Schwierigkeiten der anderen Wortarten

Unter rechtschriftlichen Gesichtspunkten ist die Großschreibung der Nomen ein besonders exponiertes und fehlerträchtiges Thema. Im Folgenden werden die übrigen Wortarten besprochen, allerdings nicht unter grammatischen Gesichtspunkten, sondern ausschließlich unter rechtschriftlichen. In der unterrichtlichen Realität wird man die Bereiche und Überlegungen allerdings immer verbinden, so werden da Präpositionen, Konjunktionen und Pronomen nicht einfach unter „kleine Wörter" zusammengefasst. Auch die Zeitformen der starken Verben werden vorwiegend unter dem Gesichtspunkt ihrer Verwendung in Texten betrachtet.

3.6.3.1 Die Verben

Auf die einzelnen Schreibbereiche wurde in den vorhergehenden Kapiteln schon hingewiesen. Dennoch soll hier noch einmal eine Übersicht Klarheit – allerdings in erster Linie für den Lehrer – verschaffen:

Problem	Hilfestellung
Mitlautverdopplung	▸ Bei Verben ist die Mitlautverdopplung leichter im Infinitiv (ren-nen) über die Zweisilbigkeit zu erfassen als in der gebräuchlichsten Form 3. Person Singular: er rennt. Hilfe: Verbindung von einsilbiger Form zur wir- oder Grundform.
kombinatorische Verhärtung	▸ Durch das Flexions-t (-st) werden /b/ und /g/ lautlich verhärtet: er *gipt, er *frakt. Hilfe: s. o.
Umlautung	▸ Trifft auch auf Verben zu: laufen – er läuft[23], halten – er hält Hilfe: s. o.
rechtschriftlich schwere Nebenstämme	▸ Starke Verben wechseln den Vokal nach festen Regeln, dies nennt man Ablautreihen. ▸ Problematisch ist dabei meist nicht die Schreibung des Vokals, diesen Wechsel hört man ja. Vielmehr ändert sich auch die Vokallänge und dies hat entsprechende Auswirkungen auf die Mitlautschreibung, z. B. fließen: /i:/ lang, deshalb folgt <ß>, flos-sen: /o/ kurz: deshalb Verdopplung).[24] ▸ Gelegentlich kann auch der Konsonant wechseln: ziehen – zo**g**, leiden – li**tt**,
Auslautverhärtung beim Präteritum der starken Verben	▸ Formen wie „band, log, gab" spricht man mit /t/, /k/ und /p/. Die adäquate Hilfestellung ist hier die Form mit „wir" (banden, logen, gaben). Bei „band, fand, verschwand, stand …" mag noch ein anderer Irrtum eine Rolle spielen: Die Kinder schreiben hier nach der Regel der Gegenwart: 3. Person Singular = <t> (er findet).
Hilfsverben und Modalverben flektieren untypisch.	▸ Die Hilfsverben (sein, haben, werden) und die Modalverben (dürfen, können, mögen, müssen, wollen, sollen + wissen/weiß) bilden in der 3. Person Singular Präsens weitgehend keine Form mit <t> und sollten bei entsprechenden Einführungen vermieden werden.
Substantivierung durch „das"	▸ Besonders, wenn das Verb in einer dem Infinitiv gleichklingenden Form (wir/sie laufen) im Text auftritt, neigen einige Kinder dazu, eine falsch verstandene Begleiterprobe mit „das" zu machen und entsprechend das Verb groß zu schreiben (s. Abschnitt „Die Wege im Einzelnen", S. 119 ff.).
Getrennt- und Zusammenschreibung	▸ Verben können mit Präfixen (ver-, be-, ent-, er-, zer-) fest verbunden sein oder mit sogenannten Halbpräfixen (diese Wörter können auch noch allein stehen: ab, durch, ein …) verbunden sein. Letztere können vom Verb in flektierter Form abgetrennt sein: abfahren, er fährt ab, er ist abgefahren (vgl. Duden, Band 4, 1995, S. 445 ff.).

23 Für au/äu-Umlautung gibt es kaum weitere Beispiele, nur: „saufen".

24 In Naumann (1999, S. 167) findet sich eine Liste solcher Verben mit ihren schwierigen und fehlerträchtigen Formen, die auf den Gebrauch im Grundschulunterricht ausgerichtet ist. Eine vollständige Liste findet sich in Gelhaus (1995, S. 132 ff.).

Problem	Hilfestellung
landschaftliche Varianten der Flexion	▸ Sehr selten gibt es landschaftliche Alternativen zur heute allgemein gebräuchlichen Flexion, z. B. fragen – er frägt, statt: fragte/frug; scheinen: statt schien/scheinte, backen: backte/buk.

Diese Übersicht ist keineswegs als „Vermittlungskatalog" gemeint, sondern soll den Lehrer vor Missgriffen bewahren und u. U. Schreibungen von Schülern in den regelhaften Horizont rücken.

Situativ und fallweise sollte ab der 3. Klasse mit der Vergangenheit der starken Verben gearbeitet werden. Einfache Verbindungen, speziell Gegenwart – Präteritum (= 1. Vergangenheit), können schon ab der 2. Klasse spielerisch geübt werden. Nach meiner Erfahrung unterscheiden sich Kinder sehr stark in der Fähigkeit, das Präteritum richtig zu bilden. Hier spielt wohl die literale Erfahrung, z. B. mit Märchen, eine große Rolle. Gerade die Märchensprache (im Gegensatz zur Sprache moderner Kinderliteratur) unterstützt hier die Entwicklung deutlich. Übungsformen, die an das Vokabellernen, wie man es aus dem Fremdsprachenunterricht kennt, angelehnt sind, helfen vor allem Kindern mit Deutsch als Fremdsprache. Muttersprachler profitieren manchmal erstaunlich wenig von solchen Übungen.

3.6.3.2 Die Adjektive

Unter der grammatischen Fragestellung: „Was ist ein Adjektiv?", ist die Wortart schwierig und komplex, unter rechtschriftlichen Überlegungen im Grunde nicht. Adjektive gehorchen den oben dargestellten Regeln, wobei lediglich noch einmal darauf hinzuweisen ist, dass Adjektive in der Grundform oft einsilbig sind und erst die flektierte Form die erklärungsgünstigere zweisilbige Wortform aufweist: herb – herbe.

Häufige Suffixe bei Adjektiven sind: -bar, -sam, -lich, -ig, -(er)isch. Bei den letzten drei Suffixen können unterschiedliche Schwierigkeiten mit der Schreibweise auftreten, die mit dem regionalen Dialekt korrespondieren. Hier ist immer zu überprüfen, ob die Kinder bei Verlängerung überhaupt einen Rückhalt in ihrer Sprache finden. Ist dies nicht der Fall, so sollten gleiche Fälle gesammelt und Gegenüberstellungen vermieden werden.

Das Hauptproblem dürfte fälschliche Substantivierung sein und zwar vor allem dann, wenn das Adjektiv als Attribut vor einem Nomen steht: der *Große M/mann. Die Arbeit mit den Wortkarten ist geeignet, diesen sonst häufigen Fehler stark zu reduzieren. Wenn Kinder Adjektive immer in attributiver Verwendung üben (rot – das rote Halstuch; gelb – die gelbe Sonne usw.), minimiert sich das Problem. Die implizite Gewöhnung scheint gute Dienste zu leisten. Darüber hinaus bieten sich immer wieder Übungen an, die das spielerische Ausweiten (der große, dicke, gelbgesichtige, bebrillte und knollennasige Mann) oder das Gegenteil, die Reduktion in den Mittelpunkt stellen.

3.6.3.3 Die „kleinen Wörter"

Hierunter subsumiere ich alle Häufigkeitswörter vom Artikel bis zur Konjugation. Rechtschriftlich sind sie nur sehr begrenzt interessant, da sie meist richtig geschrieben werden. Dennoch bereiten sie in unterschiedlichen Erwerbsphasen unterschiedliche Schwierigkeiten. Während ein Zweitklässler schon noch überlegen kann, ob man „hier" oder „*wier" mit <ie> schreibt, strauchelt ein Viertklässler vielleicht häufiger über die Unterscheidung von „dem" und „den". Das berühmte „das" oder „dass" bereitet oft noch Studenten Schwierigkeiten.

Rein auf Wortebene sind die Schreibschwierigkeiten eher gering. Dennoch hilft es vielleicht zu wissen, dass sich die Schreibung dieser Wörter zufälliger entwickelt hat als die der anderen Wortarten. Wie schon die Reihe „mir, dir, wir – hier (vier)" zeigt, ist keine lautliche Gleichschreibung erfolgt. Man spricht hier von „Sparschreibung", bei den Pronomina wurde ein Buchstabe von den Buchdruckern eingespart. Wenn Kinder hier Probleme haben, so legen sich diese oft von selbst. Schreibt ein Kind noch in der 3. Klasse unsicher, so sollte die Ausnahme klar vom Normalen abgehoben werden: Das Kind begründet, warum es so schreibt und bestimmt, ob es sich merken will: „wir, dir, mir" ohne <e> oder umgekehrt: „hier" mit <ie>. Geübt wird nur dies, z. B. durch buntes oder automatisches Schreiben. Eine Gegenüberstellung führt eher zur Ranschburgschen Hemmung.

Wenn die folgenden Beispiele die Anführer der Liste der 120 häufigsten Fehler nach Menzel (1985, S. 14) darstellen, dann handelt es sich um Unsicherheiten in der Grammatik.

Den/dem; diesen/diesem: Hier wissen die Kinder nicht, welcher Fall korrekt verwandt werden muss.

In, im/ihn, ihm: Auch hier bestehen Unsicherheiten im Gebrauch, einmal der Präposition (in den Garten/im Haus), einmal des Pronomens (Ich gebe ihm etwas.). Das/dass: Wenn das als Artikel verwendet wird, bestehen kaum Verwechslungen. Fehlerträchtig ist die Position nach dem Komma.

Neben den gängigen inhaltlichen Bestimmungen bieten sich grundsätzlich Eigenentdeckungen der Schüler an: Fehlerhafte Schreibweisen zu einem Bereich werden vom Lehrer über einen längeren Zeitraum gesammelt und den Kindern vorgestellt. In Gruppen sollen die Kinder nach Lösungen suchen. Dieser Umgang mit natürlichem Material ist weniger konstruiert, die entsprechenden Lösungen sind wirklichkeitsnäher. Dieser situative Umgang sollte anschließend durch systematische Übungen ergänzt werden, die oft weiter klärend und Zusammenhang stiftend wirken. Dabei muss nicht immer mit Unterscheidungsübungen gearbeitet werden, da diese – zu früh eingesetzt – eine aufkommende Erkenntnis nicht klären, sondern im Keim ersticken können und sich Unsicherheit so verfestigt. Zur Einübung der Schreibung der Konjunktion „dass" bietet sich z. B. Musterbildung an. Mustersätze mit Verben des Denkens, Fühlens und Meinens:

Er sagte, dass ... Er fühlte, dass ... Er schrie, dass ... Er meinte, dass ...
Diese Muster können dann erweitert werden: Er flüsterte so leise, dass ...
Er weinte so sehr, dass ... Er glaubte so fest daran, dass ...

Eine Unterscheidung zum Relativpronomen ist in Gegenden, in denen eine lautsprachliche Differenzierung besteht, leichter zu treffen als dort, wo diese fehlt: So kann man in süddeutschen Dialekten das Pronomen (wie den Artikel) durch „des" (in allen Aussprachevarianten) ersetzen. Wenn solch klare Möglichkeiten vorliegen, sollte man den Dialekt durchaus klärend nutzen.

4 Schluss

Erfolgreicher Rechtschreibunterricht heißt nicht, dass alle Schüler perfekt Rechtschreiben können. Dieses sich zum Ziel zu setzen, wäre Utopie. Optimal wäre es, wenn alle Kinder am Ende der Grundschulzeit auf das stolz sind, was sie schon können und mit Optimismus auf das schauen, was sie noch lernen werden. Entscheidend kann der Lehrer dazu beitragen.

Fehler werden als ganz selbstverständliche Irrtümer betrachtet, die mitunter richtige Anteile enthalten.

Der überwiegende Teil der Orthografie ist regelhaft, manche Schreibweise ist eine Ausnahme des Systems: Regelhaftes versucht man zu erfassen, Ungeregeltes zu merken.

Im Unterricht wird durchaus deutlich, dass das Können nicht vom Himmel fällt, sondern der Übung bedarf. Zu dieser Kultur gehören Tugenden wie Stetigkeit und Sorgfalt, gerade auch im Hinblick auf die Pflege der Handschrift.

Und am wichtigsten: Lernen braucht Erfolgserlebnisse. Die fünf schwächsten Schüler meiner Klasse benötigen am stärksten meine Anerkennung. Gerade bei ihnen überlege ich immer wieder: Was können sie schon? Wofür kann ich sie loben? Diese Sichtweise hilft den Kindern – und rückt auch meinen Blick als Lehrer immer wieder zurecht.

Literaturverzeichnis

Andresen, U. (2000): Wo bin ich denn in eurer Sprache? In: Balhorn, H. u. a. (Hrsg.) (2000), S. 14–41.

Augst, G./Dehn, M. (Hrsg.) (1998): Rechtschreibung und Rechtschreibunterricht. Können – Lehren – Lernen. Stuttgart.

Ayan, S. (1995): Lexikalisch-semantische Lernschwierigkeiten bei der Vermittlung des deutschen Wortschatzes an türkische Lerner. Heidelberg.

Balhorn, H. u. a. (Hrsg.) (2000): Betrachtungen über Sprachbetrachtungen. Grammatik und Unterricht. Seelze.

Belke, G. (1999): Mehrsprachigkeit im Deutschunterricht: Sprachspiele, Spracherwerb, Sprachvermittlung. Baltmannsweiler.

Betz, D./Breuninger, H. (1982): Teufelskreis Lernstörungen. München.

Bredel, U. (2010): Der Schrift vertrauen. In: Praxis Deutsch (2010), H. 221, S. 14–21.

Bredel, U./Müller, A./Hinney, G. (Hrsg.) (2010): Schriftsystem und Schrifterwerb: linguistisch – didaktisch – empirisch. Tübingen.

Bredel, U./Reißig, T. (2011): Weiterführender Orthographieerwerb. Baltmannsweiler.

Bredel, U./Siebert-Ott, G./Thelen, T. (Hrsg.) (2004): Schriftspracherwerb und Orthographie. Baltmannsweiler.

Bremerich-Vos, A. (1996): Kontroversen um die Namenwörter. In: Grundschule (1996), H. 1, S. 14–18.

Bremerich-Vos, A. (1999): Zur Praxis des Grammatikunterrichts. Freiburg im Breisgau.

Duden, Band 1 (Rechtschreibung der deutschen Sprache); Drosdowski, G. (Hrsg.) (1996[21]) Mannheim/Leipzig.

Duden, Band 4 (Grammatik); Eisenberg, P./Gelhaus, H./Wellmann, R. (Hrsg.) (1995[5]) Mannheim/Leipzig.

Foster, H. (1997): Das lange Warten auf den Punkt. In: Praxis Deutsch (1997), Heft 147, S. 23–26.

Fuhrhop, N./Müller, A. (2010): Schriftstrukturen entdecken. In: Praxis Deutsch (2010), H. 221; S. 4–13.

Füssenich, I. (2004): Wenn er seinen Namen schreiben soll … In: Grundschule 2004, H. 9, S. 29–32.

Hinney, G. (2004): Das Ganze ist mehr als die Summe der Teile. Das Konzept der Schreibsilbe und seine didaktische Modellierung. Ein Beitrag zur Schriftaneignung als Problemlösungsprozess. In: Bredel, U./Siebert-Ott, G./Thelen, T. (Hrsg.) (2004), S. 72–90.

Hinney, G. (2010): Wortschreibungskompetenz und sprachbewusster Unterricht. Eine Alternativkonzeption zur herkömmlichen Sicht auf den Schriftspracherwerb. In: Bredel, U./Müller, A./Hinney, G. (Hrsg.) (2010), S. 47–100.

Huneke, H. W. (2000): Intuitiver Zugang von Vorschulkindern zum Silbengelenk. In: Didaktik Deutsch 5, Heft 8, S. 4–17.

von der Kammer, M. (2001): Man ist, was man isst. Den Doppelkonsonanten anhand authentischer Texte untersuchen. In: Praxis Deutsch (2001), H. 170, S. 40–43.

König, W. (1989): Atlas zur Aussprache des Schriftdeutschen in der Bundesrepublik Deutschland. Ismaning; Band 1 (Text) und Band 2 (Tabellen und Karten).

König, W. (2001[13]): dtv-Atlas deutsche Sprache. München.

Lange, G./Weinhold, S. (Hrsg.) (2005): Grundlagen der Deutschdidaktik. Baltmannsweiler.

Lessman, B. (2000): Wie Wörter der Kinder zu Übungswörtern werden. In: Die Grundschulzeitschrift, H. 137, S. 20–23.

Mann, Ch. (1995[3]): Selbstbestimmtes Rechtschreiblernen – Rechtschreibunterricht als Strategievermittlung. Weinheim/Basel.

Mann, Ch. u. a. (2001): LRS Legasthenie; Prävention und Therapie. Weinheim/Basel.

May, P. (unter Mitarbeit von Vieluf, U. und Maltizky, V.) (1996): Handbuch für die Hamburger Schreibprobe. Hamburg.

Menzel, W. (1985): Rechtschreibunterricht. Praxis und Theorie – Aus Fehlern lernen, Beiheft zu Praxis Deutsch 69.
Müller, A. (2010): Rechtschreiben lernen. Seelze.
Naumann, C. L. (1999): Orientierungswortschatz. Die wichtigsten Wörter und Regeln für die Rechtschreibung. Klassen 1–6. Weinheim/Basel.
Ossner, J. (2006): Sprachdidaktik Deutsch. Paderborn.
Richter, S.: Freies Schreiben und systematischer Rechtschreibunterricht. In: Grundschule (2003), H. 9, S. 52–53.
Riegler, S.: Auf die richtige Spur gesetzt – Das System der Buchstaben-Laut-Beziehungen in eine Lauttabelle. In: Praxis Deutsch (2010), H. 221, S. 58–60.
Röber-Siekmeyer, Ch. (1995[2]): Die Schriftsprache entdecken. Weinheim/Basel.
Röber-Siekmeyer, Ch. (1999): Ein anderer Weg zur Groß- und Kleinschreibung. Stuttgart 1999.
Spiegel, U. (1999): Förderung der Rechtschreibleistung im 3./4. Schuljahr. Augsburg.
Spiegel, U. (2001): Die Blauen und die Roten (Rechtschreiberkenntnisse mithilfe der Silbe). In: Praxis Deutsch (2001), H. 170, S. 16–19.
Thomé, G. (1999): Orthographieerwerb: Qualitative Fehleranalyse zum Aufbau der orthographischen Kompetenz. Frankfurt a. Main.
Thomé, G./Eichler, W. (2000): Über unterschiedliche Lernwege im Orthographieerwerb. In: Grundschule (2000), H. 32, S. 12–14.
Tophinke, D. (2005): Rechtschreiben. In: Lange, G./Weinhold, S. (Hrsg.) (2005), S. 101–127.
Tophinke, D./Röber-Siekmeyer, Ch. (Hrsg.) (2002): Schärfungsschreibung im Fokus. Hohengehren.
Ulrich, W. (2004[2]): Sprachspiele für jüngere Leser und Verfasser von Texten. Aachen.
Volmert, J. (Hrsg.) (2005[5]): Grundkurs Sprachwissenschaft. Eine Einführung in die Sprachwissenschaft für Lehramtsstudiengänge. München.
v. Wedel-Wolff, A. (2002): Problem Diktat. In: Grundschule (2002), H. 5, S. 49–51.

Fachbuch

Anforderungen und Inhalte des Deutschunterrichts

ANJA WILDEMANN | KARIN VACH

Deutsch unterrichten in der Grundschule

Kompetenzen fördern, Lernumgebungen gestalten

16 x 23 cm, 247 Seiten

ISBN 978-3-7800-4979-7, 24,95 €

Alle Preise zzgl. Versandkosten, Stand 2021.

Was zeichnet einen guten, an Kompetenzen orientierten Deutschunterricht in der Grundschule aus? Wie können Sie den heterogenen Lernvoraussetzungen Ihrer Schülerinnen und Schüler besser gerecht werden? Und welche Chancen kann Mehrsprachigkeit im Klassenzimmer eröffnen?

Der Orientierungsband von Anja Wildemann und Karin Vach bietet Ihnen vertiefende Einblicke in das Fach und verbindet fachwissenschaftliche und fachdidaktische Grundlagen mit praxisnahen Unterrichtsideen.

Orientiert an den nationalen Bildungsstandards berücksichtigt das Buch alle Aspekte der Planung und Gestaltung des Deutschunterrichts von Klasse 1 bis 4 und vermittelt Ihnen damit einen Gesamtüberblick über die Anforderungen und Inhalte des Faches in der Grundschule.

Unser Leserservice berät Sie gern:
Telefon: 0511/4 00 04 -150
Fax: 0511/4 00 04 -170
leserservice@friedrich-verlag.de

www.klett-kallmeyer.de